Christine Betz • Regine Schierle-Wenger • Margit Franz (Hrsg.)

Partizipation
im Kita-Alltag leben

Gut ankommen in Krippe und Kita

Übergang und Eingewöhnung ganzheitlich gestalten

Impressum

ISBN: 978-3-96046-240-8

Partizipation im Kita-Alltag leben
Gut ankommen in Krippe und Kita
Übergang und Eingewöhnung ganzheitlich gestalten

Redaktion Myriam Bork
Autorinnen Christine Betz, Regine Schierle-Wenger
Herausgeberin Margit Franz
Gestaltung und Satz DOPPELPUNKT, Stuttgart
Druck Grafik Media Produktionsmanagement, Köln

Klett Kita GmbH
Rotebühlstr. 77
70178 Stuttgart
www.klett-kita.de
info@klett-kita.de

Bildnachweis

Coverbild: Gettyimages.de/miniseries

Privataufnahmen:
Christine Betz: S. 18, 35, 46, 78, 79, 80, 89 | Friedhelm Betz: S. 59 | Birte Hansen: S. 11, 91 | Fabiola Jezzi: S. 26, 34, 39, 42, 55, 62, 67, 87, 93 | Petra Meinhof: S. 22, 30, 48, 53, 54, 73 | Beate Oehring: S. 88, 90, 92, 93| Helene Schäfer: S. 15 | Regine Schierle-Wenger: S. 13, 14, 19, 23, 25, 33, 38, 52, 56, 65, 69, 70, 71 | Birgit Schneider: S. 7 | Lena Schott: S. 29, 38

Inhalt

Vorwort

Liebe Leserinnen und liebe Leser,

der Anfang ist die Hälfte des Ganzen. Dieser Gedanke von Aristoteles passt wunderbar für eine behutsame und vertrauensbildende Eingewöhnung in Kindertagesstätten. Die ersten Tage in Krippe oder Kita sind für Kinder und ihre Familien mit vielfältigen Eindrücken, neuen Erfahrungen, erwartungsvoller Vorfreude, aber auch gewissen Unsicherheiten verbunden.

Wie wichtig es ist, diese Phase des miteinander Bekannt- und Vertrautwerdens professionell zu begleiten, zeigt sich auf vielen Ebenen – nicht nur bei Kindern, sondern auch ihren Eltern. Die Grundlage einer guten Beziehungsarbeit sind gegenseitige Wertschätzung und Vertrauen. Beides entwickelt sich in den ersten Stunden und Tagen, in denen ein Kind mit seinen Eltern erstmals die Kita betritt und besucht.

Ein sanft gestalteter Übergang, bei dem Kinder von Anfang an Akteure ihrer Eingewöhnung sind, ist gewiss eine zeitliche Investition. Sie erfordert vonseiten der Leitung ein durchdachtes Eingewöhnungsmanagement, da die Aufnahme neuer Kinder und Familien eine pädagogische Teamaufgabe ist. Gelingt der Start gut, fühlen sich die Kinder mit ihren Familien in wenigen Wochen in der Kita wohl und wie zu Hause. In diesem Sinne bedeutet Zeit investieren keinesfalls Zeit verlieren. Perspektivisch betrachtet bedeutet es vor allem eines: Zeit für gute Entwicklung gewinnen! Kinder, die sich stark, sicher und geborgen fühlen, agieren selbstbewusst und selbstsicher. Sie sind neugierig, streben nach Autonomie, zeigen ein hohes Maß an Explorationsverhalten und haben kein Interesse daran, sich voller Verzweiflung an die Hosenbeine und Rockzipfel ihrer Eltern und Erzieher:innen zu klammern.

Christine Betz und Regine Schierle-Wenger sind profilierte Pädagoginnen und erfahrene Praktikerinnen. In ihrem praxisnahen Fachbuch erklären sie, wie Übergänge in Krippe und Kita qualitätsvoll geplant und gestaltet werden können. Ich bedanke mich herzlich bei den Autorinnen für ihr wertvolles Buch und ihren überaus wichtigen Beitrag für die Bedeutung einer qualitätsvollen Eingewöhnung in Kitas.

Margit Franz
Im Juni 2023

Kinder auf dem Weg in

institutionelle Betreuung

Die Bedeutung des Kita-Besuchs im gesellschaftlichen Kontext

Immer mehr Familien entscheiden sich für eine außerfamiliäre Betreuung ihrer Kinder im Kleinkindalter, zunehmend ab dem zweiten Lebensjahr. Eltern sind auf verlässliche Erziehungspartnerschaften und qualitativ hochwertige Kinderbetreuungseinrichtungen angewiesen. Die Gestaltung des Anfangs stellt die Weichen für eine positive Entwicklung des Kindes und nimmt Einfluss auf das Wohlbefinden der Familie. Diese Anfangszeit wird in den meisten Kitas kurz und knapp als *Eingewöhnung* deklariert, ist jedoch viel mehr: der zumeist allererste Übergang eines Kindes – eine besonders prägende Erfahrung. So sind Kitas gut beraten, ein Übergangs- und Eingewöhnungskonzept zu entwickeln, das moderne wissenschaftliche Erkenntnisse berücksichtigt und eine partizipative und inklusive Pädagogik zur obersten Priorität macht.

Das Kind im Mittelpunkt

Ein Kind im Übergangsprozess angemessen zu unterstützen, bedeutet, es mit seinen Kompetenzen, seinen Bedürfnissen und seiner intrinsischen Motivation ressourcenorientiert anzunehmen. Außer dem Kind selbst, spielen weitere Faktoren eine Rolle: die Familie, die Institution *Kita* mit ihren Rahmenbedingungen, der Standort, das soziale Umfeld und die Kita-Gemeinschaft. Alle Faktoren sind miteinander verknüpft und wirken aufeinander ein. Darum brauchen Kitas ein auf Vielfalt ausgerichtetes Übergangs- und Eingewöhnungsmodell. Modelle, die nur auf den Beziehungsaufbau fokussieren, ohne den Kontext zu berücksichtigen, sind unzureichend. Sie entsprechen nicht den tatsächlichen Erfordernissen der aktuellen Situation in Kitas.

Vielfältige Konzepte für vielfältige Familien

Wir leben in einer bunten und offenen, von Diversität geprägten Gesellschaft. Kinder wachsen in pluralen Familienkonstellationen mit verschiedenen Lebensentwürfen auf. Sie kommen aus unterschiedlichen Kulturen und werden entsprechend sozialisiert. Zudem strömen durch Flucht und Migration verstärkt ältere Kinder im vorletzten oder letzten Kindergartenjahr in die Einrichtungen, teils mit traumatischen Vorerfahrungen.

Bei aller Vielfalt gibt es aber auch grundlegende Gemeinsamkeiten: Alle Familien wünschen sich für ihre Kinder eine glückliche Kindheit in einer guten Kita. Dementsprechend brauchen Familien differenzierte Angebote für Kinder zwischen dem vollendeten ersten Lebensjahr und der Einschulung. So kann sich der erste Übergang von der Familie in eine vorschulische Bildungseinrichtung individuell unterschiedlich gestalten und in verschiedenen kindlichen Lebensphasen stattfinden. Es kann um die Aufnahme und Eingewöhnung eines unter dreijährigen Kindes in die Krippe oder eines Kindes im Alter ab drei Jahren in den Kindergarten gehen, alternativ in Gruppierungen mit erweiterter Altersmischung. In diesem Buch liegt der Fokus primär auf dem Elementarbereich.

Der Bildungs-, Erziehungs- und Betreuungsanspruch

Der Alltag vieler Kinder ist institutionell organisiert und strukturiert. Schon sehr früh erleben Kinder, dass es unterschiedliche Lebenswelten für sie und ihre Eltern gibt. Parallel zu den Erwachsenen leben sie in Zeitstrukturen, die an deren meist durchgetakteten Alltag angepasst sind. Heute ist es gesellschaftlicher Konsens, dass Kinder einen erheblichen Teil des Tages in Kitas verbringen. Neben der Betreuung und der zuverlässigen Versorgung ist es Eltern wichtig, ihren Kindern frühzeitig einen Zugang zu Bildung und sozialer Gemeinschaft mit anderen Kindern zu ermöglichen. Die Bildungspläne der Bundesländer geben Orientierung. Der Qualitätsanspruch rückte durch das *Gute-KiTa-Gesetz* stärker in den Blick. Mit dem neuen *KiTa-Qualitätsgesetz* sollen bundesweite Qualitätsstandards umgesetzt werden

Der gesetzliche Auftrag

Betreuung in Kindertageseinrichtungen steht für Versorgung, Pflege und Bedürfnisbefriedigung. Durch Bildung und Erziehung entwickeln sich Kinder zu eigenverantwortlichen und gemeinschaftsfähigen Persönlichkeiten. Das Fundament bildet der professionell gestaltete und am Kind orientierte Übergang von der Familie in die Kita. Betreuung, Erziehung und Bildung sind in der Praxis untrennbar miteinander verwoben. Kitas leisten einen wichtigen Beitrag zur gesellschaftlichen Entwicklung, indem sie ihre Angebote an den Bedürfnissen der Kinder und deren Familien ausrichten. Dazu gehört auch, Familien in ihren Erziehungsaufgaben zu stärken und zu unterstützen. Zu Beginn der Kita-Zeit sollten pädagogische Fachkräfte besonders engmaschig mit den Familien kommunizieren. Das wirkt beziehungsverstärkend und schafft Klarheit bezüglich der Wünsche, Vorstellungen und Erwartungen hinsichtlich der Übergangsgestaltung. Sind sie nicht mit dem Kita-Kosmos kompatibel, ebnet eine klare Kommunikation den Weg zu Kompromissen, vermeidet Missverständnisse und wirkt vertrauensbildend. Agieren Familie und Kita gut aufeinander abgestimmt, steigt die Chance, dass sich das Kind erfolgreich und sanft eingewöhnt.

WISSEN

Mit dem *Gute-KiTa-Gesetz* (2019) unterstützte der Bund die Länder bis Ende 2022 mit Geldmitteln bei Maßnahmen zur Weiterentwicklung der Qualität in der Kindertagesbetreuung und zur Entlastung der Eltern bei den Gebühren. Das *KiTa-Qualitätsgesetz* löst das *Gute-KiTa-Gesetz* ab. Der Gesetzesentwurf sieht vor, dass die Länder über 50 Prozent der Mittel in sieben vorrangige Handlungsfelder investieren: Bedarfsgerechtes Angebot; Fachkraft-Kind-Schlüssel; Gewinnung und Sicherung von qualifizierten Fachkräften; Starke Leitung; Sprachliche Bildung; Maßnahmen zur kindlichen Entwicklung, Gesundheit, Ernährung und Bewegung; Stärkung der Kindertagespflege.

Eingewöhnungsmodelle im Überblick

Das ***Berliner Modell*** wurde in den 1980er-Jahren im Berliner Institut *Infans* von Hans-Joachim Laewen, Éva Hédervári-Heller und Beate Andres entwickelt. Das Modell basiert ausschließlich auf den Bindungstheorien und stellt den Aufbau einer vertrauensvollen Beziehung zur pädagogischen Fachkraft, verbunden mit einer schrittweisen Trennung, in den Mittelpunkt. Das *Berliner Modell* sieht das Kind als bedürftig und von der Fachkraft abhängig. Man geht davon aus, dass die Bindungsqualität die Bildungschancen unmittelbar beeinflusst.

Das ***Münchener Modell*** wurde zwischen 1987 und 1991 entwickelt und beruht auf den Ergebnissen des wissenschaftlichen Projekts unter der Leitung von Prof. Dr. E. Kuno Beller. Münchener Krippen haben es erprobt. Das *Münchener Eingewöhnungsmodell*, aktualisiert 2013 von Anna Winner und Elisabeth Doll, integriert früh- und sozialpädagogische Prinzipien, ökopsychologische Sichtweisen und entwicklungspsychologische Ergebnisse, u. a. auch aus der Transitionsforschung. Petra Evanschitzky und Sylvia Zöller gehen in ihrer Publikation von 2021 vom kompetenten Kind und vielfältiger Beziehungsgestaltung, auch der Kinder untereinander, aus. Den Transitionsprozess sehen sie als wechselseitig und vielschichtig. Ihre Weiterentwicklung des *Münchener Modells* bezieht sich auf die systemische und kultursensitive Herangehensweise.

Das ***Tübinger Modell***, die Eingewöhnung in der Peer, 2010 entwickelt von Heike Fink, basiert auf der Theorie, dass Kinder von Geburt an soziale, beziehungsfähige und kooperative Wesen sind. Im Konzept der Peergroup-Eingewöhnung steht nicht nur die einzelne Fachkraft-Kind-Beziehung im Fokus der pädagogischen Betrachtung, sondern die gesamte kulturelle Qualität der gestalteten Eingewöhnungssituation in einer Krippe oder Kita. Das *Tübinger Modell* berücksichtigt die Kompetenzen der Kinder und sieht sie als aktive Gestalter:innen im Übergangsprozess. Die Rolle der Pädagog:innen ist es, den Prozess zu initiieren und zu unterstützen. Die Bedeutung der Peer wird als wichtigster Faktor für einen gelingenden Übergang gesehen.

Das ***Partizipatorische Eingewöhnungsmodell***, 2018 entwickelt von Prof. Dr. Marjan Alemzadeh, ist ein bindungsorientiertes Eingewöhnungsmodell, das Kinder und Eltern als Akteure sieht. Sie wirken aktiv mit an der Gestaltung des Eingewöhnungsprozesses. Das Konzept basiert auf dem bildungswissenschaftlichen Verständnis einer partizipatorischen Didaktik in der Kita.

Das ***ganzheitliche Übergangskonzept nach dem Prinzip ILKE®***, wurde 2015 in der Praxis entwickelt und erprobt von Regine Schierle-Wenger. Das *ganzheitliche Übergangskonzept* berücksichtigt alle Ebenen der von Elisabeth Hollmann entwickelten *Integralen-LernKultur-Entwicklung*: Ich, Wir, RaumBildung und Organisation. Es ermöglicht systematisches und strukturiertes Vorgehen, das alle Bereiche des Systems *Kita* im Blick hat. Es basiert auf den Transitionstheorien und berücksichtigt gesellschaftliche Vielfalt, ebenso wie das überarbeitete *Münchener Modell*. Das Modell eignet sich gleichermaßen für Einzel-, Tandem- und Peergroup-Übergangsgestaltungen. Priorität hat, wann immer es organisatorisch möglich ist, die Peergroup. Der Hauptgrund dafür ist, dass sich die Kinder in der Peergroup bei ihrer Entwicklungsaufgabe *Übergang* gegenseitig unterstützen können. Die langjährigen Erfahrungen in der Praxis bestätigen dies.

Die Übergangsgestaltung als Fundament

Der Eintritt in die Kita, der erste Übergang von der Familie in eine Bildungseinrichtung, ist ein großer Schritt und ein höchst komplexer Vorgang. Kinder und Eltern erleben Veränderungen auf persönlicher Ebene. Sie nehmen neue Rollen ein, erbringen hohe Anpassungsleistungen und durchlaufen eine prägende Entwicklungsphase. Sie sind emotional stark beteiligt und müssen diese Gefühle verarbeiten und regulieren. Sie durchlaufen einen Transitionsprozess und erlangen Transitionskompetenz. Sowohl die Fähigkeiten des Kindes als auch der Eltern kommen zum Tragen. Nicht nur das Kind hat einen Übergang zu bewältigen, auch für die Eltern ist der Übergang eine Entwicklungsaufgabe in ihrem Erwachsenenleben. Sie sind nicht nur Begleitende ihrer Kinder, sondern aktiv Bewältigende. (vgl. Griebel/Niesel, 2020, S. 38)

Brücken bauen zwischen Familie und Kita

Mit der Übergangsbegleitung eines Kindes übernehmen pädagogische Fachkräfte eine anspruchsvolle Aufgabe. Die professionelle Gestaltung des Übergangs für Kind und Eltern bedeutet, eine Brücke zu schlagen. Pädagogische Fachkräfte sind Brückenbauer:innen und verbinden die Lebenswelt *Familie* mit der Lebenswelt *Kita*. Damit das Kind mit seiner Familie die Brücke erfolgreich überquert und sicher in der Kita ankommt, brauchen pädagogische Fachkräfte Feinfühligkeit, Fachwissen, Empathie- und Reflexionsfähigkeit. Gelingt es, Vertrauen in das System Kita aufzubauen, wird aus einem wackeligen Steg eine Brücke mit stabilen Fundamenten.

WISSEN

Transitionen

Die Transitionsforschung beschäftigt sich mit Übergängen und den besonderen Herausforderungen in sich verändernden Lebenssituationen. Transitionen betreffen nicht nur einzelne Personen, sondern das komplette Beziehungssystem. Mit dem Eintritt in eine Kita durchlebt das Kind und seine Familie eine Transition. Ihr Leben ist in Veränderung. Dies führt zum vorübergehenden Verlust von Sicherheit und innerem Gleichgewicht. In der nun noch nicht vertrauten, unsicheren Situation lernen die Beteiligten neue Herausforderungen kennen und zu bewältigen. Das kann Stress und starke Gefühle auslösen. Neue Entwicklungsaufgaben stehen an. Somit handelt es sich um eine Phase intensiven Erfahrungslernens, mit dem Ziel, sich an neue Gegebenheiten anzupassen, sowohl kognitiv als auch emotional. Eine Transition ist abgeschlossen, wenn das Leben in neuer Gleichmäßigkeit verläuft und das innere Gleichgewicht wieder hergestellt ist. Die theoretischen Grundlagen der Transitionsforschung finden sich in der Bindungstheorie, dem Konzept der Entwicklungsaufgaben und dem Stressansatz. (vgl. Griebel/Niesel, 2020, S. 34 f.)

Die Welt des Kindes **erweitert sich**

Willkommen in der Kita, du kompetentes Kind!

Die Grundlage jedes Kita-Konzepts sind Grundannahmen über unsere Haltung und unser Bild vom Kind. Sie beeinflussen das konkrete Erziehungsverhalten und damit auch maßgeblich die Gestaltung des Übergangs von der Familie in die Kita. Es macht einen Unterschied, ob ich als pädagogische Fachkraft überzeugt davon bin, dass Kinder vor jeder Herausforderung beschützt werden müssen oder ob ich die Potenziale und Fähigkeiten von Kindern sehe, Unwägbares erfolgreich zu meistern.

Die Grundannahme dieses Praxisbuchs ist, dass Kinder eigenaktive Konstrukteur:innen ihrer Entwicklung sind. Sie bringen Lebensfreude und Neugierde als Grundvoraussetzung für das lebenslange Lernen mit. Jedes Kind ist ein vielseitig lernbegabtes Wesen. Einem Kind braucht keiner das Lernen beizubringen, es ist mit allen Fähigkeiten dazu ausgestattet. Jedes Kind konstruiert seinen Lernvorgang auf seine Weise, eben individuell. Genauso verhält es sich mit den sozialen Fähigkeiten. Von Anfang an sind Kinder in der Lage, mit anderen Menschen in Beziehung zu treten. Sie handeln aktiv und erhalten – zunächst von ihren engsten Fürsorgepersonen, später auch von vielen anderen Menschen – Rückmeldungen und Antworten auf ihre sozialen Aktivitäten.

Alle Kinder sind von Geburt an kooperativ, sind sie doch auf andere Menschen und deren Wohlwollen angewiesen. Die Komplexität ihrer sinnlichen Wahrnehmungen führt dazu, dass sich Kinder passgenau entsprechend der erlebten Beziehungszusammenhänge ko-konstruktiv verhalten. Ihren Selbstwert und ihr Weltbild entwickeln Kinder auf diese Weise, als denkende und handelnde Persönlichkeit, unabhängig vom Alter, dem momentanen Entwicklungsstand gemäß. Gut zu wissen, dass in jedem Kind die wichtigsten Kompetenzen, nämlich Lern- und Beziehungsfähigkeit, angelegt sind als beste Voraussetzungen für einen gelingenden Start in die Kita.

WISSEN

Kaum vorstellbar: Früher haben Kinder ohne Eingewöhnungen Kitas besucht. Bis zur Mitte des 20. Jahrhunderts gab es keine Forschungen über die Beziehung zwischen Eltern und Kind. Es war üblich, Kinder frühzeitig abzuhärten, indem man sie in vorgefertigte Muster und einen festen Zeitplan im Hinblick auf Ernährung und Schlaf presste. Ihre Bedürfnisse wahrzunehmen und darauf einzugehen, galt als Verwöhnen.

Transitionskompetenz macht Kinder fit für die Zukunft

Kinder wachsen heute in eine zunehmend technisierte, digitalisierte, automatisierte und komplexe Welt hinein. Schauen wir 20 Jahre in die Zukunft, wissen wir nicht, was auf sie zukommt. Aktuell erfahren Menschen weltweit, dass Zukunft immer weniger plan- und vorhersehbar ist. Unser Leben unterliegt ständigen Veränderungen und wird zunehmend unbeständiger. Umso wichtiger ist es, dass Kinder sich von klein auf als stark, erfolgreich und selbstwirksam erleben. Bewältigungsstrategien für Transitionen zu lernen, gehört unbedingt dazu. Die Erfahrung des Übergangs in die Kita ist ein exemplarisches Beispiel, an dem Kinder modellhaft lernen, spätere lebensverändernde Herausforderungen zu bewältigen: Zukunftsforscher Roger Spindler geht zum Beispiel davon aus, dass die heutigen Kita-Kinder in Zukunft Berufe ausüben werden, die es bisher noch gar nicht gibt. (Spindler, 2017)

Gut wenn Kitas so konzipiert und organisiert sind, dass sie Kinder darin unterstützen, ihre Eigenschaften und Kompetenzen wie kreatives Denken und Handeln, Selbstregulation und Eigenverantwortung, Problemlösungs- und Übertragungsfähigkeit, Flexibilität, Durchhaltevermögen, Resilienz sowie die Fähigkeit zur Kooperation weiterzuentwickeln. Im kompetenten Kind ist bereits alles angelegt, was es zu einer gelingenden Lebensgestaltung und -bewältigung braucht. Erleben Kinder im Übergang die Stärkung ihrer Kompetenzen, entwickeln sie eine Sicherheit aus ihrem Inneren heraus.

Entwicklungsaufgaben mit dem Start in die Krippe

Wenn Maximilian mit zwei Jahren in die Krippe aufgenommen wird, hat er verschiedene Entwicklungsaufgaben zu bewältigen. Um diese Aufgaben zu meistern, setzt Maximilian sein Können und seine Erfahrungen ein, er lernt hinzu und wächst an den Herausforderungen.

Auf der persönlichen Ebene: Maximilian erweitert seine Vorstellung von sich selbst. Er erfüllt die Aufgabe, Vertrautes und Gewohntes loszulassen und sich auf Neues einzulassen. Er macht in der Krippe viele neue Erfahrungen. Der große Turnraum gefällt ihm. Er freut sich, dass er dort allein bis oben auf die Sprossenwand klettern kann. Großen Spaß hat er daran, loszulassen und auf den großen Weichboden zu plumpsen. Das löst so ein Kribbeln im Magen aus. Maximilian findet, dass er ein toller Kletterer und Springer ist. Er hat festgestellt, dass es ihm nicht gefällt, wenn viele Kinder im Turnraum sind. Dann kann er nicht mehr spielen, weil er sich die Ohren zuhalten muss. Er fühlt sich unwohl und will raus. Maximilian versteckt sich dann in einer Ecke. Er ist erleichtert, wenn Marc, sein Bezugserzieher, oder eine andere pädagogische Fachkraft fragt, ob es ihm zu laut ist und er lieber an einen ruhigeren Ort gehen will. Maximilian spürt, dass die Erwachsenen in der Krippe wissen wollen, was ihm guttut. Maximilian lernt in der Krippe, dass er seine Gefühle und Wünsche äußern darf. Im Übergang von der Familie in die Krippe erweitert Maximilian sein Selbstkonzept, lernt, mit seinen Gefühlen umzugehen und wie er sich mitteilen kann – eine wichtige Kompetenz.

Auf der Beziehungs- und sozialen Ebene: Maximilian erlebt, dass er nicht mehr nur ein Familienkind, sondern auch ein Krippenkind ist. Er wächst in eine neue Rolle hinein und geht neue Beziehungen ein, beispielsweise zur pädagogischen Fachkraft Marc, oder zur gleichaltrigen Lea, die auch gerne im Turnraum spielt. Maximilian merkt: *In der Kita bin ich ein Kind von vielen.* Er lernt abzuwarten, Frustrationen auszuhalten, Bedürfnisse selbst zu regulieren und sich als Teil der Kita-Gemeinschaft wahrzunehmen.

Auf der Ebene der Lebensbereiche: Wenn Maximilian nun in die Krippe geht, verbringen er und seine Eltern einen Teil des Tages in unterschiedlichen Lebenswelten. Das hat Auswirkungen auf das Familienleben. Durch den neuen Tagesrhythmus ändern sich gewohnte Abläufe. Maximilians Eltern sind nun Eltern eines Krippenkindes. Nicht nur Maximilian, auch seine Eltern sind Akteure in der Bewältigung des Übergangs. Die pädagogische Fachkraft Marc moderiert den Übergang. Maximilian kennt sich zu Hause in der Wohnung aus. Alle Spielsachen dort gehören ihm. In der Kita erfährt er, dass es viele unterschiedliche Räume zu erkunden gibt. Die Spielmaterialien sind für alle Kinder da. Es gibt Regeln, die er und seine Eltern erst kennenlernen.

Die wichtigsten Kompetenzen im Gepäck

Wie am Beispiel von Maximilian sichtbar wird, erlangen Kinder durch die Bewältigung ihrer Entwicklungsaufgaben neue prägende Erkenntnisse und Fähigkeiten. Sie sind dazu in der Lage, weil Kinder generell als kompetente Wesen zur Welt kommen. Kinder sind bereits soziale Wesen und müssen das nicht erst in der Kita werden. Soweit es ihnen in ihrem persönlichen Rahmen möglich ist, werden sie kooperieren. Egal, wie sich ein Kind verhält, es ist jeweils seine beste Option, eine Situation zu bewältigen. Darauf können pädagogische Fachkräfte vertrauen und danach müssen sie handeln, denn sie können Kinder nicht eingewöhnen, das können nur die Kinder selbst. Das Kind ist nicht Objekt *(Ich gewöhne dich ein)*, sondern Subjekt *(Ich gewöhne mich ein)*. Sich einzugewöhnen ist eine enorme Anpassungsleistung des Kindes. Es benötigt die aufmerksame Begleitung von Eltern und Fachkraft, damit es die Kita als freudvollen Ort erlebt.

Pädagogische Interventionen in der Übergangs- und Eingewöhnungsphase sollten auf folgende Fragestellung abzielen: *Was konkret brauchen Marie, Muhammad, Josuha oder Jimmy, um in der Kita mit Kindern und Erwachsenen soziale Beziehungen zu gestalten? Anknüpfend an ihre individuelle Persönlichkeitsentwicklung und ihre Herkunft stehen ihre Stärken, ihr Temperament und Lernverhalten, ihre Wünsche, Bedürfnisse und Interessen im Mittelpunkt.*

Pauschal oder individuell?

Stellen wir uns den Übergang in die Kita als Reise vor, mit dem Kita-Team in der Rolle des Reiseveranstalters: Anstelle einer Fahrt mit Bus oder Bahn, mit festem Fahrplan und ausgeklügelter Streckenführung geht die Fahrt mit dem eigenen Auto los. Umwege, Abkürzungen, Pausen, Schneckentempo oder Blitzgeschwindigkeit sind denkbar. Auch der Personenkreis der Passagiere erweitert sich. Nicht nur Mama oder Papa, auch andere enge Fürsorgepersonen wie Großeltern oder die Tagesmutter können an Bord sein.

Zum Ziel führen viele verschiedene Strecken, doch eine Gemeinsamkeit aller Strecken ist die Brückenüberquerung. Die einzelnen Streckenabschnitte sind kombinierbar. Die Vorschläge für Highlights, besondere Ausblicke, Rastplätze variieren. Die pädagogischen Fachkräfte sind versierte Reiseleiter:innen, die sich mit den möglichen Routen gut auskennen und sie für Einzelreisende, Kleingruppen oder Paare passend gestalten. Orientieren können sie sich dabei an Vorschlägen in Form von Muster- und Modellreisen.

Natürlich müssen sie sich mit den Teilnehmenden gut absprechen und herausfinden, was diesen wichtig ist – und eventuell Kompromisse finden oder Reiserouten neu skizzieren. Am Reiseziel gibt es Personen, Räume, Möglichkeiten, Strukturen und Regeln, die den Reisenden unterschiedlich fremd sind und sie möglicherweise verunsichern. Darum gibt es nicht nur ein Empfangskomitee, das die Reisenden am Ziel willkommen heißt, sondern auch Reiseführer:innen, die sie begleiten. So können sich die Reisenden mit bislang Unbekanntem vertraut machen. Fühlen sich alle gut angekommen, ist die Reise zu Ende, alle richten sich häuslich ein, bis die nächste Reise ins Unbekannte ansteht.

Eine positive Erfahrung ist das Ziel

Eine Planung anhand der individuellen Vorstellungen sorgt für Zufriedenheit und Wohlbefinden, nicht nur auf Reisen, sondern auch beim Übergang in die Kita. Kinder, denen der Übergang vom Elternhaus in die Kita erfolgreich gelingt, entwickeln in dieser Transition wesentliche lösungsorientierte Handlungskompetenzen: Kommunikation, Kooperation, Konfliktbewältigung, Reflexion.

Bei erfolgreich bewältigten Transitionen verbindet das Kind den Übergang mit positiven Emotionen. In diesem Fall nimmt es die Erfahrung der Lebensveränderung als herausfordernd und zu bewältigen wahr. Das Kind spürt seine Kompetenz, Herausforderungen von Trennung und Beziehungsaufbau gewachsen zu sein. Die Chance, dass Kinder ihre positive Erfahrung mit einer optimistischen Erwartungshaltung verknüpfen und auf weitere von Veränderungen geprägte Lebenssituationen übertragen, steigt.

KINDER

Fragen eines Kindes, wenn es in die Kita kommt

- Wer hilft mir, die anderen Kinder kennenzulernen?
- Kann ich mit den Kindern spielen?
- Werden mich die Menschen dort anlächeln und freundlich mit mir sprechen?
- Wissen die Kinder und Erwachsenen, wie ich heiße?
- Wer tröstet mich, wenn meine Eltern weggehen?
- Kann ich mich auf die Menschen in der Kita verlassen?
- Ist die Kita für mich ein sicherer Ort?
- Kann ich mir alles ganz in Ruhe anschauen?
- Wer nimmt mich in den Arm, wenn ich das will?
- Darf ich mein Kuscheltier behalten?
- Kann ich sagen, was ich will und brauche?
- Wer hört mir zu, wenn ich etwas erzähle?
- Bekomme ich etwas zu essen und zu trinken, wenn ich Hunger und Durst habe?
- Wer bleibt in meiner Nähe, wenn ich Unterstützung brauche?
- Wie finde ich mich schnell zurecht?
- Wer singt mir ein Schlaflied, wenn ich müde bin?

Kompetente Kinder verbinden sich

In der neueren Entwicklungspsychologie gilt der Säugling als soziales Wesen und ist in der Lage, seine Umwelt aktiv wahrzunehmen. Als beziehungsfähiges Individuum steht er mit seinen Eltern oder anderen, ihm nahestehenden und vertrauten Personen und seinem Umfeld von Beginn an in Beziehung. Er vollbringt hier eine enorme Lern- und Anpassungsleistung.

Sich zu binden, lernt das Kind in seinem ersten Lebensjahr aus einem Grundbedürfnis heraus und auf seine eigene Initiative hin. Es sendet Signale, auf die seine vertrauten Personen möglichst prompt und angemessen reagieren sollten. Da sich Eltern umgekehrt auch an ihre Kinder binden, gelingt es ihnen meist, das Bedürfnis des Kindes richtig zu interpretieren. Erlebt es feinfühlige Reaktionen, erfährt das Kind, dass seine Bedürfnisse gestillt werden. Daraus erwächst das Bewusstsein, sicher und behütet zu sein. Das Kind entwickelt Urvertrauen. Urvertrauen zu erlangen, ist ein aktiver Prozess und nicht von Geburt an vorhanden.

Bindungspersonen bestimmten die Bindungsqualität

Wie feinfühlig, zuverlässig und zugewandt die Bindungspersonen das Bedürfnis des Kindes beantworten, prägt die Bindungsqualität. Hier spielt die seelische und körperliche Verfassung der Fürsorgepersonen – meist sind dies die Eltern – eine wesentliche Rolle. Die eigene Bindungsbiografie sowie eventuelle Wochenbettdepression, körperliche Erschöpfung beispielsweise durch Schlafmangel oder das Gefühl der Überforderung beeinträchtigen den Bindungsaufbau. Hilfreich für den Bindungsaufbau sind Glücksempfindungen im Umgang mit dem Kind. Je sicherer die Bindungsqualität, desto flexibler kann das Kind sein Explorations- und Bindungssystem austarieren.

Bindungsverhalten braucht eine Antwort

Kinder zeigen ihr Bindungsverhalten, wenn sie Schmerzen, Angst oder Hunger haben, sich einsam fühlen oder müde sind. Sie drücken sich aus über Weinen, Anklammern, Nachfolgen und Trennungsprotest. Auf keinen Fall will ein Kind von seinen Bindungspersonen, Eltern und Geschwister oder anderen, ihm nahestehenden und vertrauten Fürsorgepersonen, getrennt werden, wenn es ihm schlecht geht. Sie sind die Garanten für Schutz und Fürsorge. Von ihnen erwartet es Stressminderung. Gehen Bindungspersonen vom kompetenten Kind aus, das weiß, was es braucht, akzeptieren sie die Äußerungen des Kindes und gehen darauf ein. Erhält das Kind Zuwendung und Trost, deaktiviert es sein Bindungsverhalten und kann wieder freudig und zuversichtlich explorieren. Dann ist es auch in der Lage, mit mehreren Personen in Kontakt oder Beziehung zu treten. (vgl. Thon, 2018)

Kurz vor der Einschulung: Erinnerungen an den Anfang der Kita-Zeit

In den letzten Wochen vor ihrer Verabschiedung beschäftigen sich die sechsjährigen Kinder intensiv mit ihren Erinnerungsbüchern. Aufmerksam betrachten sie die Fotos von der Anfangszeit, als sie drei Jahre alt und neue Kindergartenkinder waren. Die Erinnerungen der Kinder an ihre Anfangszeit zeigen, dass sie die Erfahrung machen konnten, in ihrem Übergang gut unterstützt zu werden. Sie konnten Vertrauen in ihre eigenen Fähigkeiten, die Umgebung und die Menschen aufbauen. In den Beispielen spielen die Bedürfnisse nach Selbstwirksamkeit, Schutz und beständigen liebevollen Beziehungen, nach der Wahrnehmung als Individuum, nach Strukturen und einer stabilen Umgebung eine große Rolle. Diese Erfahrungen machen Kinder stark. Sie entwickeln Mut und Neugier, sich auf Neues einzulassen, die Welt zu entdecken und offen zu sein für all die interessanten Erfahrungen, die die Kita bietet.

Emma

Einmal habe ich mich in die Höhle unter der Treppe verkrochen. Ich habe mich mit allen Kissen und Tüchern zugedeckt und meinen Eli an mich gedrückt. An seinem Rüssel habe ich genuckelt, um mich zu trösten. Ich habe Mama so vermisst und wollte nicht mehr bei den anderen Kindern sein. Ich habe gehört, wie Sina (pädagogische Fachkraft) nach mir gerufen hat. Aber ich war ganz still. Immer mehr Erwachsene und Kinder haben „Emma, Emma" gerufen. Ich wollte nicht antworten, weil ich Angst hatte, dass sie schimpfen oder über mich lachen. Dann hat Sina vorsichtig an den Tüchern getastet und alle anderen weggeschickt. Sie hat lieb mit mir gesprochen und gefragt, ob ich raus und in ihren Arm kommen will. Ich habe mich dann an sie geschmiegt und sie hat leise gesummt und Eli und mir ins Ohr geflüstert, dass Mama bald kommt. Dann war ich nicht mehr so traurig.

Was hier passiert: Emma kann sich bereits selbst regulieren und hat sich bei ihrem Übergangsobjekt Eli Trost geholt. Als Sina nach ihr sucht, zeigt sich diese feinfühlig und bietet Emma Trost an, ohne sich aufzudrängen. Emma spürt, dass sie ihre Gefühle zeigen darf, dass Sina sie ernst nimmt und nachfragt, was sie möchte. Das schafft Verbundenheit. Die positive Erfahrung, die Emma in dieser Situation macht, wirkt in die Zukunft. Wenn Emma traurig, müde, wütend oder glücklich ist, weiß sie, dass sie das mitteilen darf.

Alejandro

Oh Mann, die Katrin (pädagogische Fachkraft) hat überhaupt kein Spanisch verstanden. Aber sie hat morgens zur Begrüßung „Ola, Alejandro" gesagt. Dann haben wir uns angelächelt. Das war schön. Ich habe mich immer vor sie gestellt und mit meinen Händen erklärt und gezeigt, was ich will. Katrin ist auf die Knie gegangen und hat mir intensiv zugeschaut und dabei gelächelt. Dann hat sie auch auf Sachen gedeutet und die anderen Kinder gefragt, ob sie verstehen, was ich will. Meistens habe ich bekommen, was ich wollte. Außerdem hat Katrin gelernt, wie das Übersetzungsprogramm auf ihrem Handy funktioniert. Manchmal durfte ich spanische Musik hören. Das hat mich froh gemacht. Obwohl ich jetzt Deutsch sprechen kann, verabschieden Katrin und ich uns so: „Adiós, hasta mañana."

Was hier passiert: Alejandro fühlt sich fremd und kann sich verbal nicht verständigen. Katrin und Alejandro installieren gemeinsam ein Ritual, das über den Tag trägt: die spanische Begrüßung und Verabschiedung. Damit signalisiert sie Alejandro: *Du bist hier willkommen.* Katrin spricht mit Alejandro auf Augenhöhe und nimmt ihn und seine Bedürfnisse ernst. Mit einem Lächeln signalisiert sie Aufmerksamkeit und den Wunsch, die Kommunikation mit ihm erfolgreich zu gestalten. Durch ihr offenes Wesen und die Musik schafft Katrin für Alejandro eine Wohlfühlatmosphäre. So kann sich Alejandro öffnen, Vertrauen in sich selbst fassen und sich voller Zuversicht auf den Kita-Tag einlassen.

Anna

Wenn ich morgens in die Kita gekommen bin, habe ich mich hinter Mama versteckt. Ich wollte nicht, dass mich die anderen sehen und mit mir sprechen. Erst wenn ich ein bisschen geguckt hatte, was die anderen so machen, kam ich nach vorn. Ellen (pädagogische Fachkraft) hat dann immer so getan, als sei sie ganz überrascht, dass ich auch mitgekommen bin. Sie hat immer gerufen: „Schaut mal, die Anna ist auch da!" Dann hat sie gelacht. Ich habe auch gelacht und „tschüss Mama" gerufen.

Was hier passiert: Anna gestaltet ihren täglichen Übergang von zu Hause in den Kita-Alltag kompetent und bedürfnisorientiert. In ihrem Bestreben, sich zuerst zu orientieren, nimmt Ellen sie ernst. Erst wenn Anna die Bereitschaft zeigt, sich begrüßen zu lassen, tritt sie in Aktion. So entsteht ein kleines morgendliches Spiel, das Anna dazu verhilft, gut in den Tag zu starten, und sie darin bestärkt, gut für sich selbst zu sorgen. Das ist eine wichtige Fähigkeit, auf die Anna während ihrer Kita-Zeit noch oft zurückgreifen wird.

Wie sich das Ich eines Kindes entwickelt

WISSEN

Was sind Resonanzerfahrungen?

Kern der Beziehungsgestaltung mit Kindern in den ersten zwei Lebensjahren sind Spiegelung und Resonanz. Positive Resonanzerfahrungen sind die Grundlage für die Entwicklung eines Selbstkerns. Durch konstruktive, fürsorgliche und fordernde Resonanz – die Zuwendung und Reaktion der Bezugsperson auf das Verhalten des Kindes – kann das Kind einen eigenständigen und autonomen Selbstkern entfalten. Dieser ist das Fundament für Forschen und Entdecken, dafür, sich selbst zu entwickeln, für sich selbst einzustehen und gegebene oder erlernte Überzeugungen in Frage zu stellen.

Dieses Verständnis von einem Selbst im Gegensatz zu den anderen entwickelt sich im Säugling durch das Spiegeln und kohärente Reagieren der Fürsorgepersonen auf alle Lebensäußerungen des Kleinstkindes. (vgl. Bauer, 2017, S. 4 ff.)

In den ersten Lebenswochen erlebt sich ein Baby als Einheit mit seiner Fürsorgeperson. Sein *Ich* entwickelt es über die Erfahrungen, die es mit seinen engsten Bindungspersonen macht. Erhält es adäquate Antworten auf seine Bedürfnisse nach Nahrung, Beziehung und Zuwendung, begreift es sich in seinem ersten Lebensjahr nach und nach als körperliches Selbst. Im zweiten Lebensjahr entwickelt das Kind seinen eigenen Willen. Es erkennt sich als eigenständige Person mit Wünschen und Gefühlen. Die Entdeckung des eigenen *Ichs* ist verbunden mit Erkenntnissen wie *Ich kann das selbst machen* und *Ich habe verschiedene Möglichkeiten und mache, was ich will*. Zwangsläufig lernt es Grenzen seines eigenen Könnens kennen und erlebt erste Auseinandersetzungen mit den Menschen in seinem Umfeld. Hier braucht es freundlich zugewandte Fürsorgepersonen, die es ermutigen und ihm über Routinen, Grenzen und Regeln Halt und Orientierung geben. Alle Kinder durchlaufen diese Entwicklungsschritte auf ihre individuelle Art und Weise.

Alle Kinder sind Unikate

Schauen wir einmal auf Merle, Jonathan, Anna, Vadim, Kira und Victoria. Sie sind in unterschiedlichen Entwicklungsstufen beim Eintritt in die Kita und haben in ihren Herkunftsfamilien Unterschiedliches erlebt, erfahren und gelernt.

Merle kennt sich schon aus

Merle (fast 3 Jahre alt) kennt die Kita bereits durch ihre beiden großen Brüder. Sie ist das dritte Kind der Familie und war beim Bringen und Abholen dabei, seit sie zwei Wochen alt ist. Sie kennt die pädagoischen Fachkräfte und weiß genau, was sie in der Kita spielen will. Sie ist sich sicher, dass ihre Brüder ihr helfen, falls sie in Schwierigkeiten kommt. Trubel ist sie gewohnt. Ihre Brüder haben oft Besuch von Freunden. Merle weiß genau, dass Mama, Papa oder die Oma zum Abholen kommen. Sie weiß, was es heißt, ein Kindergartenkind zu sein.

Für Jonathan ist alles neu

Jonathan (3,5 Jahre) ist das Wunschkind, auf das seine Eltern 15 Jahre gewartet haben. Er wurde noch nie institutionell betreut und ist immer von erwachsenen Familienmitgliedern umgeben. Seine Mama ist 24 Stunden am Tag für ihn da. Von seinen Großeltern bekommt Jonathan als einziges Enkelkind die ungeteilte Aufmerksamkeit. Die eher flüchtigen Kontakte, die Jonathan zu anderen Kindern hat, beschränken sich auf gelegentliche Spielplatzbesuche.

Jonathan kennt das Kita-Gebäude von außen. Es ist weiß und hat rote Fensterrahmen. Er hat dort schon Kinder im Garten spielen sehen, auf der Rutschbahn, im Sand und auf einem Karussell. Sein Opa hat ihn darauf aufmerksam gemacht und erklärt, das sei seine zukünftige Kita. Außerdem macht Opa eine merkwürdige Bemerkung: „Da wirst du dich umgucken, wenn du erst ein Kindergartenkind bist." Jonathan wundert sich.

Anna ist ein Eingewöhnungsprofi

Anna (5,2 Jahre) und ihre Eltern sind aus beruflichen Gründen häufig umgezogen. Anna hat Kita-Erfahrung. Sie war in zwei verschiedenen Kinderkrippen und in einem Kindergarten. Der erste Tag in ihrer neuen Kita steht bevor. Anna sehnt sich nach ihren Freundinnen und fragt sich, ob die Kinder in der neuen Kita wohl nett zu ihr sein werden.

Vadim und Kira kommen aus der Ukraine

Vadim (2,3 Jahre) und Kira (5,8 Jahre) sind mit ihrer Mutter aus der Ukraine geflüchtet. Sie vermissen ihren Papa sehr. Sie wohnen bei Bekannten, die mitgeholfen haben, Kita-Plätze zu finden. Vadim soll in die Krippe gehen und Kira in den Kindergarten. Vadim begreift das alles noch nicht so recht, aber Kira ist sich sicher, sie will dort nicht hin. Niemand spricht ihre Sprache und sie versteht noch kein Deutsch. Außerdem ist alles so fremd. Kira will zurück nach Kiew in ihren Kindergarten und zu ihren Freundinnen. Aber sie weiß, das geht jetzt nicht. Vielleicht in ein paar Monaten! So lange will sie sich Mühe geben und in der neuen Kita alles richtig machen. Mama ist traurig genug und Kira will ihr nicht noch mehr Sorgen machen.

Victoria ist jetzt eine große Schwester

Victoria (2,2 Jahre) ist gerade große Schwester von Zwillingsbrüdern geworden. Sie schreien laut und haben dauernd Hunger. Victorias Leben hat sich verändert. Mama ist jetzt immer müde und hat kaum noch Zeit, mit ihr zu spielen. Papa hat gesagt, sie sei jetzt schon groß und könne in die Kita gehen. Was das wohl bedeutet?

Die Ressourcen der Kinder erkennen

Kinder haben unterschiedliche Ausgangssituationen, wenn sie in die Kita kommen – und ein jedes Kind bringt Stärken und Ressourcen mit: Merle navigiert sich durchs Leben mit ihren Brüdern als Orientierungshilfe. Auf dieser Basis entwickelt sie ihre Strategien. Jonathan hat die Welt bislang als sehr freundlichen Ort erlebt mit stabilen Beziehungen, die ihm Sicherheit und Halt geben. Anna ist erfahren mit Übergängen, sie hat sie bereits mehrfach erfolgreich gemeistert. Kira hat gelernt, sich in schwierigen Situationen anzupassen und trotzdem zuversichtlich zu bleiben. Victoria ist jetzt in ihrer Familie die Große, der die Eltern viel zutrauen. Auf zu neuen Abenteuern, die Kita wartet!

Lernen wir die Kinder besser kennen, finden wir heraus, dass sich Vadim leicht ablenken lässt, Kira sich in neuen Situationen am liebsten unsichtbar macht, Jonathan auf Lärm empfindlich regiert, Anna alles in ihrem eigenen eher langsamen Rhythmus erledigt, Merle sich schnell spielenden Kinder annähert, Vadim von sich aus geringe Aktivität zeigt, Victoria lange Zeit sehr aufmerksam beobachtet und dann ausdauernd spielt.

Sie alle haben vor ihrem Eintritt in die Kita individuelle Bindungs- und Beziehungserfahrungen gemacht und jeweils ihre ganz eigenen Methoden und Strategien entwickelt, um die neue Situation zu bewältigen. Anhand ihrer Erfahrungen wird deutlich, dass sie unterschiedliche Charaktere und Temperamente haben. Jedes dieser Kinder braucht Unterschiedliches, um gut in seiner Kita anzukommen.

Übergänge sind individuell

Über die aufmerksame Beobachtung lernt die pädagogische Fachkraft, Kinder in ihrer Persönlichkeit differenzierter kennen. Hilfreich ist an dieser Stelle der stärken- und ressourcenorientierte Blick der Diversitätspädagogik. Sie würdigt die Vielfalt und Unterschiedlichkeit und nimmt Kinder so an, wie sie sind. Durch diese Einstellung kann es gut gelingen, gemeinsam Wege zu finden, damit die Grundbedürfnisse eines Kindes nach Sicherheit, Versorgung und Pflege, Orientierung und Exploration auf eine individuell zu ihm passende Art und Weise erfüllt werden.

Im Übergangsprozess zeigen Kinder sehr unterschiedliche Verhaltensweisen. Damit pädagogische Fachkräfte das, was sie wahrnehmen, auch verstehen und einordnen können, braucht es die fachliche Auseinandersetzung mit der Theorie. Fundiertes Fachwissen steht nie für sich, sondern zeigt sich in Haltung und Verhalten der Fachkräfte.

Die Verbindung hilft, den eigenen Blick zu erweitern, und öffnet die Tür zur Welt des Kindes. Kinder brauchen pädagogische Fachkräfte, die ihre Kenntnisse und ihre Fähigkeiten im Alltag einsetzen für einen gelingenden Beziehungsaufbau, partizipative Beteiligung und eine interessante und anregende Lernumgebung. Dann haben Kinder im Wechsel aus der Familienbetreuung in die Kindertagesstätte gute Entwicklungschancen und finden das entsprechende Angebot, das sie zur Erweiterung ihres anlagebedingten Verhaltensspektrums brauchen. Kinder in der Kita lernen verschiedene Erwachsene kennen und suchen sich in der Regel Personen aus, mit denen sie sich am wohlsten fühlen.

Alles eine Frage des Temperaments

Schon früh erfahren Eltern, oft mit Erstaunen, dass Babys sich grundlegend unterscheiden, und kleine Kinder, auch Geschwisterkinder, bereits sehr unterschiedlich ausgeprägte Wesensmerkmale und Temperamente haben. Von Anfang an sind Kinder eigenständige Persönlichkeiten, die ihre Umgebung in ihrem Entwicklungstempo und auf ihre eigene Art wahrnehmen, um sich ihren individualisierten Zugang zur Welt zu schaffen. Temperament wird als „biologienaher Anteil der Persönlichkeit verstanden, der schon in den ersten Lebensmonaten beobachtbar ist und situationsübergreifend sowie über längere Entwicklungszeiträume hinweg das typische Erleben und Verhalten einer Person kennzeichnet" (Verbeek, 2019, S. 5). Eltern reagieren auf ihre Babys gemäß ihren individuellen Persönlichkeiten und ihren Vorerfahrungen, ihrer Sozialisation und ihrer Lebenssituation. Auf diese Weise entwickeln sich unterschiedliche Familienkulturen.

Kinder unterschiedlicher Kulturen im Übergang

Eine kultursensitive Haltung ist Voraussetzung für eine inklusive Pädagogik, die heute viele Kitas in ihr Konzept aufnehmen. Was bedeutet das in Bezug auf die Übergangsgestaltung? Ist unser westeuropäischer Blick auf Bindungs- und Beziehungsentwicklung passend für alle Kinder dieser Welt? Dass er nicht der einzig richtige und mögliche Blick ist, zeigen Forschungen in allen Erdteilen: In verbundenheitsorientierten Kulturen gehen Eltern davon aus, dass Kinder Anleitungen und Instruktionen brauchen, und sich an die Welt der Erwachsenen anpassen. Über Beobachten, Nachahmen, Trainieren und Üben lernen sie, in der Welt zu bestehen. Steht das Autonomiebestreben im kulturellen Mittelpunkt, sehen Eltern sich in der Rolle der Begleiter und Unterstützer. Sie glauben, dass sich Kinder über Explorieren, Ausprobieren, Entdecken die Welt erschließen.

Zwischen den Forschungen von John Bowlby und Mary Ainsworth und der Gegenwart liegt ein halbes Jahrhundert. Seitdem hat sich die Welt verändert und mit Recht stellt Heidi Keller (2021) die Ergebnisse von damals für die globale Gesellschaft von heute kritisch infrage und löst dadurch einen interessanten fachlichen Diskurs aus. Sie geht davon aus, dass die Bindungstheorie nicht die einzige Grundlage sein kann, auf der die Eingewöhnung in der Kita stattfindet. Wie Menschen ihre Beziehungen gestalten, ist genau so vielfältig wie unsere diverse Gesellschaft. Im Kita-Alltag ebnet dieser erweiterte Blickwinkel den Weg zur inklusiven Pädagogik: vielfältige Lebens- und Lernumwelten sind Schätze, die das Zusammenleben bereichern.

Legen sich Kita-Teams ausschließlich auf ein Eingewöhnungsmodell auf Basis der Bindungstheorie fest, in der Hoffnung, es passe für alle, ist das alles andere als inklusiv. Im Gegenteil: Es kann dazu führen, besonders Eltern mit nicht westeuropäischen Werten und Normen ins Abseits zu setzen und als desinteressiert abzutun. Dem können Kita-Teams entgegenwirken, wenn sie ihr Handeln stärker an der Transitionstheorie ausrichten und auf Modelle zurückgreifen, die das komplette System Familie/Kita im Blick haben. (vgl. Evanschitzky/Zöller, 2021, S. 52 f.)

Hilfreich ist es, wenn sich Teams für Familien und deren Geschichte und Kultur interessieren. Ein Perspektivenwechsel schützt vor Bewertungen und Vorverurteilungen. Einengende Vorstellungen, die Gefühle von Unsicherheit, Fremdsein und der Angst, nicht dazugehören, bedienen, verhindern Beziehungen in Augenhöhe. Ein aufrichtiges Interesse an der Individualität von Menschen ist die Grundlage konstruktiver Beziehungen. Wenn sich die Strategien und Methoden an der Lebenslage der Kinder und deren Familien ausrichten, steht die Ampel für eine kindgerechte kultursensible Übergangsgestaltung auf grün. (vgl. Keller, 2021, S. 84)

Übergangsgestaltung ist Teamaufgabe

Qualitätsmerkmale in der Gestaltung des Übergangs

Unabhängig davon, ob eine Kita gruppenbezogen oder in einem offen-vernetzten System arbeitet: Die Eingewöhnung neuer Kinder und ihrer Familien fordert immer das gesamte Team. Schließlich sollte sich ein Kind nicht nur mit seine:r Übergangsbegleiter:in vertraut machen, sondern mit dem kompletten System Kita. Dazu gehören – neben Kindern und Team – die Räume mit ihren unterschiedlichen Bedeutungen sowie die Strukturen im Tagesablauf. Das ganze Team trägt eine Mitverantwortung dafür, dass sich Kinder und Familien in der Kita willkommen fühlen.

Die Gestaltung des Übergangs sollte in dieser Weise erfolgen: beziehungsorientiert, bedürfnisorientiert, partizipativ, elternbegleitet und abschiedsbewusst. Diese Grundsätze tragen zur Qualitätssicherung im Übergangsprozess bei, unabhängig von der Wahl des Eingewöhnungsmodells.

BEOBACHTUNG

Wie weit sind die neuen Kinder in ihrem Eingewöhnungsprozess vorangekommen?

- Sind die neuen Kinder im Kontakt mit anderen Kindern?
- Zeigen sie ihre Gefühle?
- Zeigen sie Freude und Leichtigkeit beim Spiel?
- Holen sie sich bei Bedarf Unterstützung?
- Lassen sie sich trösten, wenn sie traurig sind oder sich verletzt haben?
- Essen und trinken sie in der Kita?
- Lassen sie sich wickeln bzw. zur Toilette begleiten?
- Zeigen sie Interesse an der Umgebung?
- Können sie sich entspannen, um einzuschlafen?

Die Beurteilung frühpädagogischer Qualität in der wichtigen Phase des Übergangs ist nicht von einem bestimmten pädagogischen Ansatz abhängig. Ob eine Kita offen, halboffen oder teiloffen arbeitet oder geschlossene Gruppen hat, ob sich das Team an der Fröbel-, Waldorf-, ILKE®-, Montessori- oder Reggio-Pädagogik orientiert, ist zweitrangig. An erster Stelle zeigt sich die pädagogische Qualität darin, in welcher Weise pädagogische Fachkräfte die Bedürfnisse von Kindern wahrnehmen und aufgreifen. Das bedeutet: Pädagogische Fachkräfte haben die Entwicklung und Bildung eines jeden Kindes im Blick, sie unterstützen Kinder in ihrer Bedürfnisbefriedigung und reagieren alters- und entwicklungsangemessen.

Vertrauen ist die Grundlage für Partizipation

Ziel einer behutsamen Eingewöhnung ist, dass ein Kind in der zunächst fremden Umgebung der Kita Vertrauen fasst. Nur dann traut es sich, zu partizipieren. Das kann unterschiedlich lange dauern. Ein fertiges Zeitraster, das viele Familien als Fahrplan für die Eingewöhnung in die Hand bekommen, kann kontraproduktiv wirken. Es setzt unter Druck und behindert die Vertrauensbildung. Hat sich im Kopf von Eltern der Gedanke eingenistet, ihr Kind und sie selbst müssten um jeden Preis funktionieren, bekommt die Brücke des Übergangs erhebliche Schlaglöcher. Bei aufmerksamer Beobachtung lassen sich zwischendurch immer wieder Annahmen zum Zeitbedarf treffen. Von daher ist es vorteilhaft, zu Beginn einen ungefähren Zeitrahmen anzugeben, der dann immer wieder angepasst wird.

KINDER

Yasin erzählt von seiner Anfangszeit in der Kita

Manchmal musste ich viel weinen, weil ich so Sehnsucht nach meinem Papa hatte. Ich habe dann immer ganz laut „Papa, Papa" gerufen. Paul (pädagogische Fachkraft) hat dann mit mir gesprochen und gefragt, ob er mich in den Arm nehmen soll. Das war gut und hat sich ein bisschen wie bei Papa angefühlt. Immer, wenn ich meinen Papa vermisst habe, bin ich zu Paul gelaufen und er hat mich kurz in den Arm genommen bis ich weiterspielen wollte. Manchmal konnte ich nicht gleich auf Pauls Arm, weil ein anderes Kind etwas von Paul wollte. Paul hatte eine gute Idee. Er hat mir gesagt, ich könnte ein Foto von Papa an die Tür von meinem Garderobenschrank kleben. Das haben Papa und ich gemacht. Dann konnte ich immer kurz zum Schrank laufen, ihn aufmachen und Papa küssen, wenn Paul gerade keine Zeit hatte, um mich zu trösten.

Was passiert hier: Yasin erfährt Pauls Unterstützung. Gemeinsam entwickeln sie eine Idee, wie er zu Trost kommen kann, wenn Paul gerade nicht zur Verfügung steht. Yasin erlebt sich als kompetentes Kind, das nicht weinend in der Ecke stehen muss, sondern sich zu helfen weiß. Für seine Zukunft in der Kita hat Yasin erfahren, dass er seinen Gefühlen nicht ausgeliefert ist. Er kann etwas unternehmen, damit es ihm besser geht.

CHECKLISTE

Ist die Übergangsgestaltung in unserer Kita bindungs-, beziehungs- und bedürfnisorientiert?

- ☐ Die Kinder sind die Gestalter ihres Eingewöhnungsprozesses.
- ☐ Wir schauen auf das Kind und auf seine Bedürfnisse. Auch neugierige und lebendige Kinder, die stark explorieren, brauchen eine vertrauensvolle Beziehung zur Fachkraft.
- ☐ Wir nehmen uns Zeit für den Beziehungsaufbau und beanspruchen die Eltern zum Übersetzen und Vermitteln in der neuen Lebenswelt. Nur so können wir die Kinder gut kennenlernen.
- ☐ Wir bauen zu Beginn ein tragfähiges Beziehungsfundament auf, das Eltern und Kind auch zukünftig stärkt.
- ☐ Wir machen Eltern deutlich, dass sie sich von ihrem Kind immer verabschieden müssen. Einfach verschwinden heißt, das Vertrauen des Kindes schwächen.
- ☐ Wir achten auf die Zeichen des Kindes. Es zeigt uns, wenn es bereit ist, Mama oder Papa zu verabschieden. Erst wenn wir sehen, dass es in eine Beziehung zur pädagogischen Fachkraft tritt und ihr vertraut, organisieren wir die erste kurze Trennung.

Das Recht des Kindes auf einen behutsamen und partizipativen Übergang

Orientieren sich pädagogische Fachkräfte am Recht des Kindes auf seelische und körperliche Gesundheit, ist die Gestaltung eines sanften und behutsamen Übergangs von der Familie in die Kita selbstverständlich. Dies bedeutet, Kinder erleben die Anfangszeit im Beisein einer vertrauten Fürsorgeperson. Sie machen die grundlegende Erfahrung, dass ihre Fürsorgeperson und die pädagogischen Fachkräfte sie darin unterstützen, dass es ihnen gut geht. Ihre individuellen Bedürfnisse, Fähigkeiten, Kenntnisse und Vorerfahrungen finden ernsthafte Beachtung.

Die Kinder geben das Tempo vor, in dem sie sich eingewöhnen, und bestimmen den Zeitpunkt, ab wann sie sich in der neuen Umgebung, mit den bis dahin fremden Kindern und Bezugspersonen, sicher fühlen. Auf das Einverständnis der Kinder sollte es ankommen, wenn es darum geht, sich von den vertrauten Bindungspersonen zu trennen.

Kinder haben ein Recht auf Teilhabe

In der UN-Kinderrechtskonvention ist Partizipation als Kinderrecht verankert. Das bedeutet: Kinder haben ein Recht auf Beteiligung entsprechend ihrer Entwicklung und müssen bei Entscheidungen ihre soziale Lebenswelt betreffend einbezogen werden. Dies zeigt sich im Hinblick auf die Übergangs- und Eingewöhnungssituation in der Haltung und dem professionellen Handeln der pädagogischen Fachkräfte. Sie verzichten auf die Ausübung von Macht und Druck und orientieren sich an den Persönlichkeiten und Bedürfnissen des Kindes. Der Anspruch auf die Eingewöhnung eines Kindes im Beisein seiner Bindungsperson ist gesetzlich geregelt über § 22a Absatz 2 Satz 1 SGB VIII. Hier ist die Sicherung der Kontinuität der Erziehungsprozesse bezogen auf Eingewöhnung und Beziehungsgestaltung festgeschrieben.

Pädagogische Fachkräfte, die die Rechte der Kinder ernst nehmen, tragen dazu bei, dass sich Kinder in der Kita geborgen und gesehen fühlen. Wer sich wohlfühlt, ist zufrieden und glücklich. Diese Basiserfahrung wirkt lange über die Kita-Zeit hinaus, eigentlich für das ganze Leben. Hier legen die pädagogischen Fachkräfte das Fundament für Demokratie und Menschenwürde. Nur wer geachtet wird, kann achten!

Junge Kinder brauchen Fürsprache

Je jünger Kinder sind, umso weniger sind sie in der Lage, Situationen ihren Wünschen und Vorstellungen gemäß zu steuern. Gerade in dieser neuen und aufregenden Lebensphase brauchen sie aufmerksame Erwachsene an ihrer Seite, die ihre Anliegen ernst nehmen und ihnen respektvoll begegnen. So entwickeln Kinder Vertrauen und ein Gefühl von Sicherheit in einer von Unsicherheit geprägten Lebensphase. Bestärkt durch diese neuen Resilienzerfahrungen können sie ihren Übergang von der Familie in die Kita als persönlichen Erfolg verbuchen.

Der Gewinn ist das Gefühl der Zuversicht, das es Kindern möglich macht, zu explorieren. Kinder, die Begleitung in dieser Weise erfahren, können entspannt spielen und lernen, sind offen für Kontakte mit Kindern und

Erwachsenen, erleben Spaß und Freude. Sie erleben sich als Kind mit Rechten und die Kita als sicheren Ort, der neben Trost und Geborgenheit einen bis dahin unbekannten Kosmos der persönlichen Entfaltungs- und Entwicklungsmöglichkeiten bietet.

Schutzauftrag: Kita als sicherer Ort

Der Schutzauftrag gewährleistet das Wohl des Kindes, indem es die Kita zum sicheren Ort macht. Was genau bedeutet das in der Praxis? Jedes Kita-Team muss über ein Schutzkonzept verfügen. Es sollte unbedingt einen verbindlichen Verhaltenskodex beinhalten. Alle Mitarbeitenden sollten eine Selbstverpflichtungserklärung unterschreiben. Damit wachsen Verbindlichkeit und Sensibilität, Warnsignale werden deutlicher wahrgenommen. Gleichzeitig ist das Team von dem Vorwurf befreit, zu „petzen".

Eigene Glaubenssätze überdenken

Haben pädagogische Fachkräfte aufgrund ihrer eigenen Sozialisation Abwertung erfahren, erscheint sie häufig als selbstverständlich. Über Glaubenssätze haben sich Verhaltensmuster manifestiert: Man müsse lieb sein und funktionieren. Wenn die eigenen Gefühle nicht ernst genommen wurden, braucht es die bewusste Entscheidung, eine achtsame beziehungsvolle Sprache zu entwickeln. Das geht nicht von heute auf morgen. Reflexion und Fehlerfreundlichkeit sind hilfreich.

Ich bin nicht richtig, so wie ich bin.

Diese Sätze schwächen den Selbstwert von Kindern – sie lernen, dass ihre Gefühle falsch oder wertlos sind.

„Ist doch nicht so schlimm, Mama kommt gleich wieder."

„Du musst nicht weinen, du bist doch schon ein großer Junge!"

„Du bist dafür zu klein, in den Turnraum dürfen nur die großen Kinder."

Ich bin richtig, so wie ich bin!

Diese Sätze nehmen Kinder in ihren Gefühlen und Bedürfnissen ernst und stärken ihren Selbstwert.

„Ich spüre, dass du traurig bist, weil deine Mama nach Hause gegangen ist. Stimmt das? Wir setzen uns jetzt alle zusammen und singen. Wenn du willst, kannst du neben mir sitzen. Danach kommt deine Mama."

„Ich habe gesehen, dass es für dich schwer war, die Oma gehen zu lassen. Du hast es trotzdem geschafft, dich zu verabschieden. Ich glaube, es hat dir geholfen, dass du ihr vom Fenster aus noch eine Kusshand nachgeworfen hast. Da hattest du eine gute Idee."

„Dir gefällt der Turnraum. Wollen wir mal zusammen schauen, was die großen Kinder dort spielen? Du willst auch mit dem Ball spielen? Willst du einen mitnehmen in unseren Raum?"

Die Rolle der pädagogischen Fachkraft

Pädagogische Fachkräfte begleiten den Übergang des Kindes und seiner Familie in die Kita in einer moderierenden Rolle. Die fachlichen Herausforderungen liegen in Beziehungsaufbau und -gestaltung. Mit einer am Kind und an seiner Familie orientierten Übergangs- und Eingewöhnungsgestaltung investieren Kitas nachhaltig und zukunftsweisend in vertrauensvolle und Sicherheit gebende Beziehungen zu Kind und Fürsorgepersonen. Hier stellen sie die Weichen für einen kontinuierlichen Beziehungsaufbau.

Diese Basisaufgaben sind essenziell:

1. Die Fachkraft bringt das Kind in Kontakt mit anderen Kindern, damit es Teil der sozialen Gemeinschaft werden kann.
2. Sie bietet ihm seiner Entwicklung angemessene Spielräume, damit es interessante Bildungsanreize erhält und exploriert.
3. Sie unterstützt das Kind darin, Strukturen, Regeln und Abläufe der Kita kennenzulernen. So gelingt es dem Kind, sich dort frei und erfolgreich einzubringen.

Diese wichtige Bildungsaufgabe gut zu meistern, wird häufig in ihrer Komplexität unterschätzt. Ein guter Start schafft jedoch stabile Fundamente für die Persönlichkeitsentwicklung, die Beziehungsfähigkeit und die Bildungslaufbahn eines Kindes. Schenken Sie Kindern und ihren Eltern im Übergang und beim Eingewöhnen besondere Aufmerksamkeit und Wertschätzung. Es lohnt sich für alle Beteiligten.

WISSEN

Normative und nicht normative Übergänge

Wenn wir den Eintritt in die Kita, den Übergang in die Grund- und weiterführende Schule, die Pubertät, den Berufseintritt, die Familiengründung, das Erwachsenwerden der eigenen Kinder und den Übergang vom Arbeitsleben in den Ruhestand erleben, sind das normative Lebensereignisse und Übergänge. Ein Großteil der Menschen unserer Gesellschaft befindet sich in unterschiedlichen Übergangssituationen.

Erleben wir aber die Veränderung der Familienstruktur durch Trennung, Scheidung, den Verlust eines Elternteils oder einen Umzug, sind das nicht normative Übergänge, die einschneidende Veränderungen mit sich bringen.

Praxisbeispiel

So stärkt Erzieher Tim die Beziehung zum zweijährigen Marlon, der sich gerade in der Krippe eingewöhnt:

Tim schafft eine emotionale warme Umgebung. Wenn Marlon mit seiner Oma zur Tür hereinkommt, geht er auf Augenhöhe, um Marlon lächelnd und aufmerksam zu begrüßen. Tim ist präsent und sorgt durch seine Interventionen dafür, dass Marlon etwas Interessantes zum Spielen findet und mit anderen Kindern in Kontakt kommt. Seine Zuwendung gibt Marlon Sicherheit. Sie trägt dazu bei, dass Marlon sich wohlfühlt und das Zusammensein mit ihm und den anderen genießen kann. Durch diesen freundlichen Start in den Tag leistet Tim einen wichtigen Beitrag zur Stressreduktion. Er signalisiert durch sein Verhalten: Ich bin für dich da. Falls Marlon Trost braucht, weiß er, dass und wo er ihn finden wird. Tim webt ein Netz, das Marlon hält und es ihm ermöglicht, die neue Kita-Umgebung zu erkunden. Tim behält Marlon im Blick, um mit Impulsen an dessen Erkundungen anzuknüpfen und um ihm zu assistieren, falls erforderlich. Marlon macht die Erfahrung, dass Tim ihn sieht, seine Bedürfnisse wahrnimmt und ihn unterstützt. Er bietet sich als Vertrauens- und Unterstützungsperson an. Marlon entscheidet, ob er auf das Beziehungsangebot eingeht. Da Marlon insgesamt positive Erfahrungen mit Tim macht, ist davon auszugehen, dass eine tragfähige Beziehung zwischen den beiden wächst. Diese Erfahrung wirkt exemplarisch für die Entwicklung anderer Beziehungen im Kita-System. Es ist die Aufgabe von Tim, dafür zu sorgen, dass Marlon auch eine gute Zeit in der Kita erleben kann, wenn er nicht anwesend ist. Das heißt, er bahnt frühzeitig eine Beziehung zu mindestens einer weiteren pädagogischen Fachkraft an.

Was bedeutet das im Hinblick auf Marlons frühkindliche Bildung?

Tim ist Marlon ein Vorbild darin, ein liebevoller, aufmerksamer Mensch zu sein. Erleben Kinder, dass sie gesehen und wahrgenommen werden, Achtung und Respekt erfahren, individuelle Zuwendung erhalten, lernen sie, genau diese Verhaltensweisen im Umgang mit anderen anzuwenden. Eine Win-win-Situation für alle. Indem Tim in eine tragfähige Beziehung zu Marlon investiert, übernimmt er die Vorbildfunktion, die es Marlon ermöglicht, seine sozialen Kompetenzen weiterzuentwickeln. So fällt es ihm leichter, sich in die Kita-Gemeinschaft einzugliedern. Ein toller Start, oder?

Feinfühlige Beziehungsgestaltung als Grundlage gelingender Übergänge

Praxisbeispiel

Alba sucht Marions Nähe

Alba ist zwei Jahre alt. Ihre Eingewöhnung ist fast abgeschlossen. Sie ist gerne in der Krippe. Heute spielt sie mit einem großen Pappkarton. Immer wieder krabbelt sie hinein, schaut durch das Fenster nach draußen und bellt. Offensichtlich ist sie ein Hund in seiner Hütte. Plötzlich fängt Alba an zu weinen. Marion nimmt Albas Gefühlsäußerung wahr. Sie fragt sich, für welches Bedürfnis Albas Weinen steht. Braucht Alba Trost und Nähe? Oder braucht Alba Unterstützung beim weiteren Entdecken des Spielmaterials? Stimmt, in ihrem Karton sitzt jetzt auch Anton. Vielleicht will er auch ans Fenster und bellen und das gefällt Alba nicht?

Die pädagogische Fachkraft Marion kniet sich vor den Pappkarton und geht somit auf Augenhöhe zu Alba. Sie nimmt wahr, dass sich Alba die Augen reibt. Das verstärkt ihren Eindruck, dass sie müde ist und Nähe sucht. Marion breitet die Arme aus und fragt, ob sie zu ihr kommen will. Alba schluchzt noch einmal und krabbelt dann durch das Fenster in Marions Arme. Sie setzt sich mit Alba auf den Teppich neben dem Karton und summt eine Melodie, die sie gerne hört, wenn sie müde ist. Alba kuschelt sich an Marion und entspannt sich. Als sie genügend Nähe getankt hat, beobachtet sie freudig Anton, der jetzt durch das Fenster schaut und Alba zuwinkt.

Feinfühligkeit bedeutet, kindliche Kommunikationssignale wahrzunehmen, sie passend zu interpretieren und zeitnah und angemessen darauf zu reagieren. Die Bedürfnisse eines Kindes zu erkennen und danach zu handeln, braucht oft nur die kurze konzentrierte Aufmerksamkeit und Zuwendung der pädagogischen Fachkraft und keinesfalls ein beständiges und uneingeschränktes Behüten. Die pädagogische Fachkraft ist das Modell und in ihrem Beziehungsverhalten Vorbild für die Kinder. Kinder nehmen mit ihren feinen Sensoren wahr, wie wertschätzend und zugewandt Fachkraft Marion Alba in dem Praxisbeispiel tröstet. Das gibt ihnen Sicherheit. Sie wissen, wenn sie Trost brauchen, ist Marion für sie da.

Was, wenn das eigene Radar nicht so fein ist?

Auch der feinfühligsten pädagogischen Fachkraft unterlaufen Fehlinterpretationen. Das ist nicht schlimm. Kinder spüren das Bemühen und sind gut im Verzeihen. Allerdings finden sich in allen Teams auch pädagogische Fachkräfte wie Marions Kollegin Sara. Wenn sie so eine beziehungsvolle Interaktion wie die zwischen Marion und Alba beobachtet, fragt sie sich, warum sie die Gefühle der Kinder nicht so gut lesen kann. Das macht sie traurig und sie überlegt, woran das liegt. Um die Qualität der Beziehungsgestaltung zwischen Kindern und Erwachsenen in der Kita zu heben, lohnt sich der autobiografische Blick.

Methode

Kindliches Verhalten interpretieren und analysieren

Filmen Sie mit dem Einverständnis der Eltern kleine Videosequenzen von Kindern in unterschiedlichen Phasen des Übergangs- und Eingewöhnungsprozesses. Konzentrieren Sie sich auf Szenen, in denen das Kind in Beziehung mit seinen Eltern, anderen Kindern oder den pädagogischen Fachkräften ist. Die Kommunikations- und Beobachtungsmethode *Marte Meo*, die sich konsequent an den Stärken der Kinder orientiert und den Blick der pädagogischen Fachkräfte dahingehend schärft, bietet sich für die Videoaufzeichnung der Eingewöhnung an. Nehmen Sie sich in einer Teamsitzung Zeit und tauschen Sie sich über Ihre Beobachtungen aus. Was denken die anderen, in welcher Stimmung sich das Kind gerade befindet? Was fühlt es? Will es explorieren oder braucht es Trost? Achten Sie auf den Gesichtsausdruck und die Körperhaltung. Versetzen Sie sich in das Kind und fühlen Sie sich ein. Von einem lebendigen Austausch profitieren alle. Schließlich sind nicht nur die Kinder lebenslange Lernende.

Ein Blick in die Biografie

Können Sie sich noch erinnern, wie mit Ihnen umgegangen wurde, als Sie klein waren? Durften Sie negative Gefühle wie Angst, Trauer, Zorn und Ärger zeigen? Wie haben Ihre Eltern oder andere nahe Fürsorgepersonen reagiert? Wurden Sie getröstet? Haben Sie sich gesehen und verstanden gefühlt? Die freundliche, zugewandte Auseinandersetzung mit den Bindungen in der eigenen Herkunftsfamilie hilft, das eigene Beziehungsverhalten besser zu verstehen.

Der eigene Bindungshintergrund als Schlüssel

Sara erinnert sich, dass in ihrer Familie negative Gefühlsäußerungen nicht gerne gesehen waren. Meist wurden sie belächelt. Sara hörte Sätze wie diesen: „Stell dich nicht so an, ist doch nicht schlimm!" Mit der Zeit lernte Sara, ihre negativen Gefühle zu unterdrücken und zu verdrängen. Kein Wunder, dass es ihr heute schwerfällt, feinfühlig auf Kinder, die traurig oder wütend sind, einzugehen. Wenn sich Sara mit ihrem eigenen Bindungshintergrund auseinandersetzt, ist das der Türöffner zu feinfühligeren Interaktionen mit den Kindern. Möglicherweise helfen ihr Supervision, eine gezielte Fortbildung oder auch die Zusammenarbeit im Team, um für sich herauszufinden, welchen Umgang mit Gefühlen sie an die Kinder weitergeben will und welchen besser nicht.

So aktivieren Sie die Selbstbildungskräfte der Kinder

Larissa hat sich mit ihrer Familie auf den Weg gemacht, ein Kita-Kind zu werden. Fachkraft Jörg begleitet sie in ihrem Übergang. Er nutzt die Methode des *Wahrnehmenden Beobachtens*, so kann er Larissa den nötigen Rückhalt bieten und sie in ihren Selbstbildungsprozessen stärken. Ihm ist es wichtig, Larissa gut kennenzulernen und zu

verstehen, wie sie denkt, handelt, welche Interessen und Absichten sie damit verfolgt. Gleichzeitig reflektiert er sein eigenes pädagogisches Handeln und erweitert dadurch sein Spektrum an möglichen Handlungsalternativen. Jörg hatte sehr ängstliche Eltern, die ihn überbehüteten und ständig kontrollierten. Er weiß, dass er unreflektiert schnell zu ähnlichem Verhalten neigt. Jörg hat sich seine Verhaltensmuster bewusst gemacht und eine professionelle Haltung entwickelt. Er hat gelernt, seine erlernten Ängste loszulassen und Kindern viel zuzutrauen. Wenn Jörg versteht, warum er und Larissa das machen, was sie machen, findet er Antworten und kann sie fachlich auf ihren Erkundungstouren durch die Kita gut begleiten.

Alle Kinder haben Stärken, die sie weiter ausbauen können durch Anregungen auf verschiedenen Ebenen wie Beziehungen gestalten, sich Sachwissen aneignen, Strukturen erfahren, Kulturgut kennenlernen. Eine wichtige Rolle spielen anregende Bildungsräume. Sie regen Kinder zum Wachsen und Weiterentwickeln an, indem sie die Selbstbildungspotenziale der Kinder herausfordern.

WISSEN

Wahrnehmendes Beobachten

Ausgangspunkt des pädagogischen Handelns ist die Haltung, Kinder und ihre Anliegen ernst zu nehmen. Beim Wahrnehmenden Beobachten ist es wichtig, nicht in Aktionismus zu verfallen, nach dem Motto „Schau mal hier!", „Mach mal das!", „Hast du jenes schon ausprobiert?". Stattdessen gilt es innezuhalten, und wahrzunehmen, was es zu beobachten gibt. Zwei Perspektiven sind wichtig: die des Kindes und die des Beobachters/der Beobachterin. Wenn es zwischen pädagogischer Fachkraft und Kind zu schwierigen Situationen kommt, ist die doppelte Perspektive besonders hilfreich, um Verständnis für beide Seiten zu entwickeln. Im Fokus steht nicht nur die Reflexion des kindlichen Handelns. Gleichrangig geht es um die Handlungen der pädagogischen Fachkraft. Hier gilt es zu reflektieren, in welcher Weise ihr Verhalten mit der eigenen Biografie zusammenhängt. Somit richtet sich die pädagogische Arbeit an den Ressourcen der Kinder und der pädagogischen Fachkräfte aus. Eine gute Methode für Menschen, die das Recht des Kindes auf Partizipation ernst nehmen. (vgl. Alemzadeh, 2021, S. 6 f.)

Die Rolle anderer Kinder im Übergangsprozess

Praxisbeispiel

Erste Freundschaften

Benedikt (2,8 Jahre) unterbricht sein Spiel immer wieder, um zu fragen: „Mama Zug kommt?" Felix (2,6 Jahre) reagiert jedes Mal auf die gleiche Weise: Er geht zu Benedikt hin, schaut ihn an und antwortet: „Ja, Mama Zug kommt." Dann spielt er weiter. Benedikt wendet sich für kurze Zeit bis zur nächsten Fragerunde seinem Spiel mit der Holzeisenbahn zu. Beyza (3 Jahre) weint nach ihrer Mama. Max (3,5 Jahre) beobachtet die Situation und nimmt offensichtlich wahr, wie traurig Beyza ist. Er nimmt seinen Teddy, legt ihn vor Beyza auf den Boden und sagt: „Hier Freund!" Beyza schaut ihn an und schluchzt. Max nimmt den Teddy auf den Arm und sagt: „So machen!" Dann küsst er ihn, drückt ihn an sich und reicht ihn Beyza. Sie nimmt den Teddy und hört auf zu weinen. Max nickt und bestätigt nochmals „Teddy Freund!"

Heike Fink, die Begründerin des Peergroup-Modells, wertet ihre Forschungsergebnisse als gute Basis für die gemeinsame Eingewöhnung mehrerer Kinder in einer Kleingruppe. Denn Kinder zeigen bereits in den ersten 18 Monaten ein bevorzugtes Interesse für bestimmte Peers. Dabei bevorzugen sie Kinder, die sie bereits kennen. Kinder trennen sich in Anwesenheit von Bekannten einfacher von ihren Bezugspersonen. Sie nehmen sich in der Peer als gleich unter Gleichen wahr. Alle erleben die gleiche Situation. Dadurch, dass sie die Gefühle der anderen Kinder nachvollziehen können, entsteht gegenseitiges Verständnis. So sind die Kinder einer Peer in der Lage, sich zu helfen und sich zu trösten. Sie bauen wechselseitige Beziehungsmuster leichter auf. Erleben Kinder die Peer positiv, sind sie sozial aufgeschlossen für weitere zukünftige Peers. (vgl. Fink, 2023, S. 29 f.)

WISSEN

Was ist Peer?

Kinder, die ungefähr gleichaltrig und auf einem ähnlichen kognitiven, emotionalen und soziomoralischen Entwicklungsstand stehen, bilden eine Peergroup. Sie haben die gleichen Entwicklungsaufgaben und normativen Lebensereignisse – etwa den Übergang von Familie in die Kita – zu bewältigten und nehmen die gleiche Stellung gegenüber Institutionen ein. Im Unterschied zu den Beziehungen mit Erwachsenen sind die Beziehungen zwischen den Kindern im Wesentlichen gleichgestellt und gleichberechtigt. (vgl. Salisch, 2002, S. 347 ff.)

Aus Stolpersteinen Brücken bauen

Die Rolle der pädagogischen Fachkraft klären

Die Berufspraktikantin Anna-Lena ist sehr stolz auf sich: Fynn, der zeitgleich mit ihr im September in die Kita gekommen ist, lässt sich nur von ihr beruhigen. Sie ist seine Lieblingserzieherin. Kein Wunder, sie hat sich so viel Zeit für ihn genommen und ihn jeden Morgen, wenn er kam, direkt auf den Schoß genommen und mit ihm gekuschelt. Das hat nicht nur ihm Sicherheit gegeben, sondern ihr auch. Auf ihrem Schoss sitzt Fynn auch nach sechs Wochen immer noch am liebsten über längere Zeiträume am Tag. Anna-Lena ist das recht, so weiß sie genau, was ihre Aufgabe ist, nämlich dafür zu sorgen, dass es Fynn gut geht. Wenn Anna-Lena zur Toilette muss oder Pause macht, weint Fynn herzzerreißend. Besonders schlimm ist es an Anna-Lenas Schultagen. Für Anna-Lena ist es ein großartiges Gefühl, so gebraucht zu werden.

Wenn der Rollenwechsel schwerfällt

Marie, pädagogische Fachkraft, war in Elternzeit. Gerade fängt sie wieder an zu arbeiten. In ihre Krippengruppe nimmt sie ein neues Mädchen im Alter ihrer eigenen Tochter auf. Ihrem Kollegen Paul fällt auf, dass Marie das neue Mädchen förmlich mit Zuwendung überschüttet und es den halben Tag herumträgt. Ist das neue Mädchen traurig, stehen auch Marie die Tränen in den Augen. Schnell kuschelt sie mit ihr. Wie es wohl ihrer eigenen Tochter in der Krippe geht? Der Abschied heute Morgen war schrecklich und Marie saß noch lange weinend im Auto. Es fällt ihr in dieser Situation offenbar sehr schwer, sich auf den Rollenwechsel von der Mama zur Fachkraft einzulassen.

Schon wieder eine Eingewöhnung!

Michael arbeitet schon lange als Erzieher in der Kita. In seinem Berufsleben hat er viele Kinder und deren Familien kommen und gehen sehen. Eigentlich lohnt es sich für ihn gar nicht mehr, noch Beziehungen mit den neuen Kindern einzugehen, schließlich geht er in sechs Monaten in Rente. Er spürt seine Erschöpfung und seinen Widerstand. Warum soll ausgerechnet er sich um den weinenden Charly mit seinem Trennungsschmerz kümmern? Ben weint auch schon wieder, er ist hingefallen und will zu Mama. Michael stöhnt, das wird wieder ein harter Tag. Trost zu spenden, will ihm nicht gelingen, er braucht selbst welchen.

Arbeitsaufteilung hinterfragen, Qualität erhalten

Nicht immer sind Übergangsgestaltungen erfolgreich, wie an diesen Beispielen aus der Praxis deutlich wird. Anna-Lena, Marie und Michael brauchen ihre Kolleg:innen dringend für einen offenen Austausch und zur Unterstützung einer fachlichen Reflexion. Aufgrund persönlicher Berufs- und Lebenssituationen ist es für die drei Fachkräfte eine große Herausforderung, Übergänge in guter Qualität erfolgreich zu gestalten. In einem aufgeschlossenen Team sollte es möglich sein, die Arbeitsaufteilung zu hinterfragen und gegebenenfalls umzustrukturieren.

Michael ist womöglich einfach nicht mehr der Richtige für die Aufgabe der Übergangsgestaltung von Kindern in die Krippe. Er kann bestimmt viel besser den Übergang der zukünftigen Schulanfänger begleiten.

Genau wie er werden sie die Kita voller Vorfreude auf den neuen Lebensabschnitt in wenigen Monaten verlassen. Anna-Lena sollte selbst erst einmal richtig in der Kita ankommen und ihren eigenen Übergang von der Schule in die Praxis managen. In der Praxisanleitung sollte ihr Umgang mit Nähe und Distanz thematisiert und überprüft werden. Bestimmt finden sich geeignete Aufgaben und Reflexionsmethoden, die ihre Rollenfindung unterstützen. Marie wird in wenigen Monaten in der Lage sein, Familien im Übergang qualitätsvoll zu unterstützen. Ihre eigenen Erfahrungen können ihr helfen, sich in Eltern hineinzuversetzen. Im Moment jedoch macht sie es sich selbst und den Kindern schwer, einen Anspruch zu erfüllen, der sie emotional überfordert.

Professionelle Beziehungsgestaltung ausgerichtet am Kind

Eine wichtige Leitungsaufgabe ist es, Fähigkeiten und Eignung der Mitarbeiter:innen realistisch und fundiert einzuschätzen. In der professionellen Beziehungsgestaltung zwischen Fachkräften und Kindern stehen die Kinder im Mittelpunkt, nicht die Fachkräfte mit ihren Bedürfnissen. Es geht um eine wertschätzende Grundhaltung, die Sicherung von Kontinuität und Verlässlichkeit, um Schutz und Trost. Alle Fachkräfte der Kita haben die Aufgabe, Vorbilder für die Kinder zu sein, sie möglichst mit systemischem Blick zu beobachten. So können sie ihr individuelles Bindungs- und Interaktionsverhalten verstehen. Sie sollten dem Kind Erfahrungen in seiner Selbstwirksamkeit ermöglichen und sich kontinuierlich selbst reflektieren.

Aus mangelnder Professionalität entsteht Adultismus

Durch die eigene unreflektierte Bedürfnisbefriedigung der Erwachsenen, zum Beispiel die Suche nach Nähe, entsteht ein Machtgefälle. Die Bedürfnisse des Kindes in der Eingewöhnungssituation bleiben unerkannt und unberücksichtigt. Es fehlt an Feinfühligkeit und Empathie. Die eigenen Bedürfnisse werden zu denen des Kindes gemacht. Solche Übertragungen schaden Kindern, weil sie die Persönlichkeitsentwicklung behindern und auf diese Weise Abhängigkeiten geschaffen werden. Adultismus führt zu unguten Machtstrukturen. Gepaart mit mangelnden Kenntnissen kann Konkurrenz im Team entstehen.

Faktoren, die eine stabile Fachkraft-Kind-Beziehung beeinflussen können

Auf der Ebene der Fachkraft:

- Persönlichkeit
- Zugewandtheit
- Kindzentrierung
- Kommunikation
- Responsivität
- Reflexionsfähigkeit
- Sozialisation
- Biografische Prägung
- Fachwissen
- Bild vom Kind
- Beziehungsgestaltung mit den Fürsorgepersonen

Auf der Ebene des Kindes:

- Persönlichkeit
- Alter
- Geschlecht
- Ethnische Zugehörigkeit
- Sozialisation
- Biografische Prägung
- Bindungserfahrungen
- Eigenaktiver Anteil

Auf der Struktur- und Organisationsebene:

- Ausrichtung der Kita-Konzeption
- Stellenbeschreibung
- Diensteinteilung
- Personalschlüssel
- Personalmangel

Die Rolle der Fachkraft muss klar sein

Ein 1:1-Eingewöhnungsmodell auf der alleinigen Basis der Bindungstheorie kann zu der Annahme der Eltern führen, ihr Kind finde in der Kita eine Ersatzmama oder einen Ersatzpapa. Das sollte aber niemals das Anliegen eines pädagogischen Teams sein. Pädagogische Fachkräfte einer Kita sind keine Bindungspersonen. Die primären Bindungspersonen eines Kindes sind seine Eltern oder andere enge Fürsorgepersonen. Hier entstehen lebenslange Verbindungen. Pädagogische Fachkräfte in der Kita sind Beziehungspersonen. Sie gehen stabile Beziehungen mit Kindern für ihre Verweildauer in der Kita ein. Die Beziehungen sind somit zweckgebunden und zeitlich begrenzt. Sie zeichnen sich durch Verlässlichkeit, Zugewandtheit, Emotionalität, Stressreduktion, Explorationsunterstützung und Assistenz aus, jedoch in anderer Qualität als zwischen dem Kind und seinen familiären Fürsorgepersonen.

Die Rolle der Fachkraft ist es, den Übergang zu moderieren und zu begleiten, sodass ein Kind von Anfang an partizipiert und sich in das Kita-System eingewöhnen kann. Das gelingt über den Aufbau stabiler Beziehungen, transparenter Strukturen und einer interessanten Spiel- und Lernumgebung. Pädagogischen Fachkräften sollte deshalb unbedingt die theoretische Ableitung des angewendeten Eingewöhnungsmodells bewusst sein.

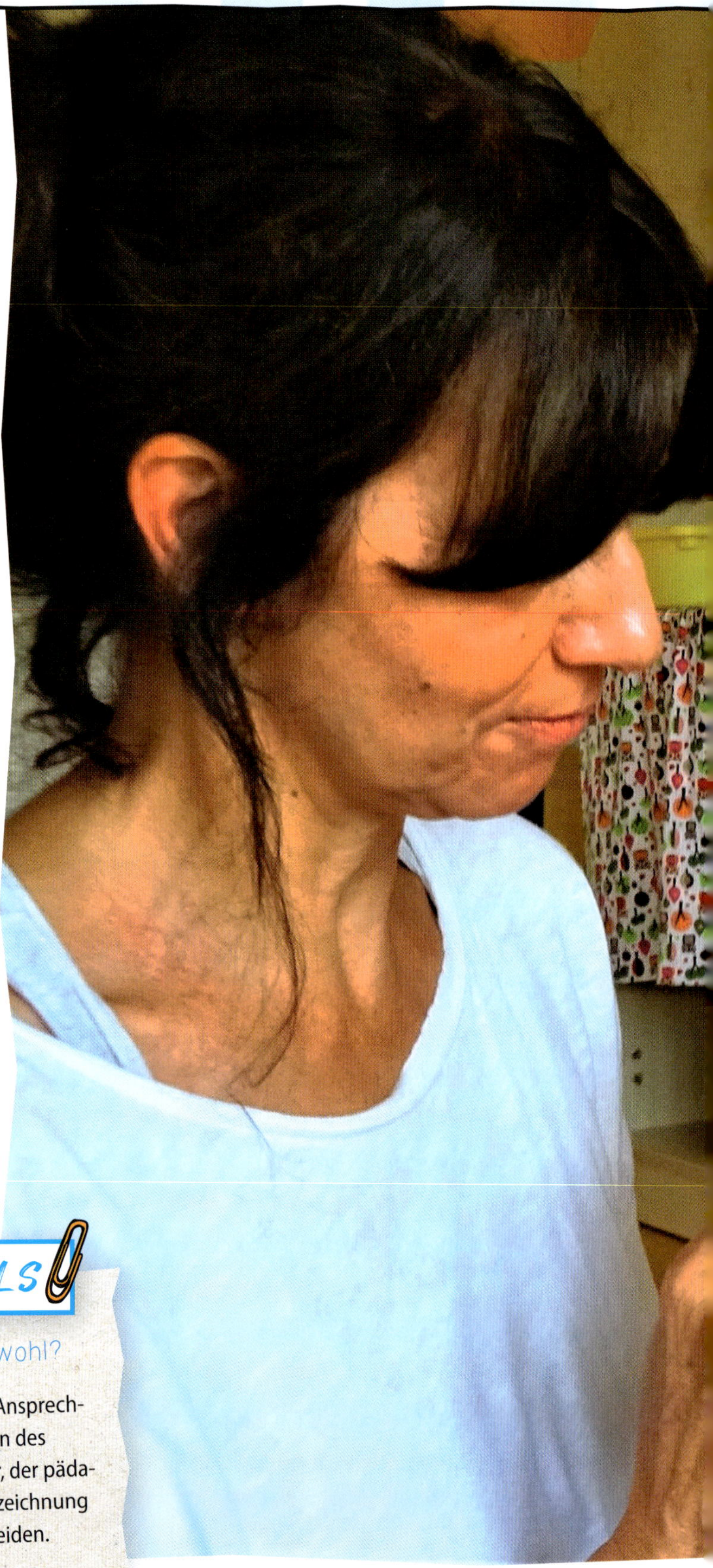

IMPULS

Mit welchem Begriff fühlen Sie sich wohl?

Eingewöhnungsbegleiter:in, Bezugserzieher:in, Ansprechpartner:in, Pat:in, Vertrauensperson, Moderator:in des Übergangs, Übergangsgestalter:in? Es ist schwer, der pädagogischen Fachkraft pauschal eine passende Bezeichnung zu geben – das muss jedes Team für sich entscheiden.

IMPULS

Körperliche und pädagogische Haltung

Pädagogische Fachkräfte drücken ihre *pädagogische* Haltung auch durch ihre *körperliche* Haltung aus. Diese beeinflusst den Alltag, wie es das Beispiel zeigt: Frau Minkel steht mit Anton (1,5 Jahre alt) in der Tür. Die Eingewöhnungsphase ist erst seit Kurzem abgeschlossen. Erzieherin Meltem sitzt auf dem Teppich und begleitet das Spiel von Mimi und Ali. Ihr Ziel ist es, dass Anton zu ihnen auf den Teppich kommt. Das drückt sie durch ihre Haltung aus. Sie sitzt an der dem Eingang gegenüberliegenden Wand, lächelt und breitet die Arme aus. So signalisiert sie Anton und seiner Mama, dass sie empfangsbereit ist, und macht den beiden den Abschied leicht.

Wie komplex Beziehungen über die Bindungstheorie hinaus sind, beschreibt Sozialpädagogin, Autorin und Referentin Petra Evanschitzky:

Wie kann es gelingen, sich als eigenständiger Mensch zu fühlen, ohne die Zugehörigkeit zu anderen zu verlieren? Das ist die lebensbegleitende Frage, die ich auch über fachlich-wissenschaftliche Zugänge beantworten wollte und will. Dabei bin ich schon während des Studiums und später in der Arbeit in der stationären Jugendhilfe dem Konzept der Bindungstheorie begegnet. Und ich merkte: Da stimmt etwas nicht; ich bleibe hängen. Das, was die Theorie mit ihren Annahmen und Typenbeschreibungen vornimmt, hilft mir nicht bei der Klärung von existenziellen Fragen. Im Gegenteil: In der Reflexion meines eigenen Lebens stand ich damit plötzlich in einer Sackgasse. Frühe Bindungserfahrungen als Arbeitsmodell für zukünftige? Und was, wenn das Modell nicht sehr stabil ist? Bin ich der Typus „unsicher-vermeidend"? Und jetzt? Was mache ich damit?

So richtig tief in die Forschung konnte ich eintauchen in meiner Zeit beim ZNL Transfer Zentrum für Neurowissenschaften und Lernen. Zusammen mit zwei Kolleginnen machten wir uns auf den Weg, die Entwicklung des Kindes in der Breite und nötigen Tiefe zu beleuchten und für die Fachpraxis zu beschreiben. „Der Mensch ist ein soziales Wesen und von Geburt an auf Beziehungsaufbau aus." Das stimmte zu Zeiten von Bowlby und Ainsworth schon und das ist auch Konsens heute. Dass Kinder Resonanzerleben wollen und brauchen, und dies möglichst so, dass es ihnen dabei gut geht, ist auch Konsens. Wie das junge Kind dabei vorgeht, was es selbst investiert und wie sich die sehr komplexe Choreografie im Zusammenspiel mit Bezugs- und Fürsorgepersonen entwickelt, darüber gehen nun die Ansichten auseinander. Dass sich die Verhaltensweisen nicht ohne kulturelle Brille bewerten und einordnen lassen, ist eine sehr wesentliche Erkenntnis. Familienkulturen haben unterschiedliche Erziehungsvorstellungen und antworten dementsprechend unterschiedlich auf die Signale der Kinder und bewerten sie. Dies veranlasst das Kind dazu, sich so oder so zu verhalten und sich ein inneres Bild von Beziehung aufzubauen. Und damit war für mich die Tür offen: Die in der deutschsprachigen Bindungsforschung genutzten Typisierungen sind zwar eine Möglichkeit, kindliches Verhalten zu verstehen – sie erklären aber bei Weitem nicht das sehr verwobene Zusammenspiel des Kindes mit seinen Bezugspersonen und den Kontexten, in denen sie unterwegs sind. Dafür bedarf es eines sehr weiten systemischen Blicks. Und hier öffnet sich die für das Kind so wichtige Ressource: Ich bin nicht auf meine frühen ersten „Bindungserfahrungen" determiniert. Ich kann neue Beziehungen erfahren und erleben. Ich kann unterschiedliche Qualitäten von Beziehungen leben. Gemäß Milton Erickson: Es ist nie zu spät, eine glückliche Kindheit zu haben!

Übergänge in Krisenzeiten

In Krisenzeiten ist es elementar, die Organisationsstrukturen der Kita im Blick zu haben. Steigt zum Beispiel der Krankenstand, schmälert das den Personalschlüssel. Um das Team vor Überlastung und einem noch höheren Krankenstand oder gar Abwanderung in andere Berufe zu schützen, können Neuaufnahmen zeitlich verschoben werden, um die pädagogische Qualität für die Kinder in der Kita zu gewährleisten. Die vorhandenen Eingewöhnungsmodelle sollten immer an die Gegebenheiten angepasst werden und nicht andersherum – wie das gelingen kann, zeigt das Praxisbeispiel.

Blick in die Praxis

In besonderen Zeiten mit neuen Herausforderungen braucht es angepasste Konzepte, damit es den Kindern in der Eingewöhnungsphase trotzdem gut geht und ihren Eltern auch. Nadine Kiesow, Bereichskoordinatorin der Krippe in der Kita Zauberwald, Oberursel (ILKE®-Co-Praxisort), berichtete in einem Interview über eine Peergroup-Eingewöhnung zu Coronazeiten:

Haben wir vor einiger Zeit die Vorteile einer Peergroup-Eingewöhnung auf der Grundlage des ILKE®-Übergangsmodells zu schätzen gelernt und uns an die Methode gewöhnt, müssen wir den Gedanken und die Ideale genau dieser nun auf die neuen Gegebenheiten umformatieren. Das Betretungsverbot für die Kita Zauberwald durch Eltern war hierbei ein zentraler Pfeiler und eine besondere Herausforderung. Denn immer bleibt ja der Grundgedanke: Eltern und Kinder sollen sich wohlfühlen und jeweils zu einer Einheit werden! Kurzerhand wurde also eine gemütliche Eltern-Ecke auf dem überdachten Teil unserer Terrasse, direkt neben einer Balkontür, aufgebaut. Vier, mit ausreichend Abstand zueinander arrangierte Sitzhocker, mit jeweils einer kuscheligen Decke, laden zum Verweilen ein. In der Mitte ein Tisch mit frischen Blumen, Zeitschriften und heißem Tee. Direkt daneben liegen zwei große Picknickdecken. Von ihnen führt eine Spur aus Spielzeug über die Balkontürschwelle bis auf den Teppich im Gruppenraum, der seinerseits ebenfalls durch Bälle, Steckspiele und Erlebnisflaschen zum Spielen einlädt. Der Rest gleicht in großen Teilen, wenn auch mit kleinen Abweichungen, dem „normalen" Peergroup-Eingewöhnungsmodell. Alle Mitwirkenden starten zu einer Sprech-Begrüßungsrunde auf der Picknickdecke. Dass die Kinder durch die kalten Novembertemperaturen Mütze, Schal und Jacke anhaben, scheint sie nicht im Geringsten zu stören. Nach kurzer Zeit schaffen es die Erzieher:innen, sich so interessant zu machen, dass die Kinder ihnen sogar ohne die Eltern bis in den Gruppenraum folgen und Trennungen stattfinden können. Nach zwei Wochen kann die Eingewöhnung dann am Vormittag und im vertrauten Raum weiter ausgebaut werden, ohne dass sich Unterschiede im Verhalten der Kinder zum herkömmlichen Modell erkennen lassen. Währenddessen vertreiben sich die Eltern – teilweise ebenfalls gemeinsam – die Zeit. Letztlich bleibt rückblickend zu sagen, dass das Modell unter allen Bedingungen funktioniert, wenn sich jeder offen und vorbehaltlos darauf einlässt!

So schöpfen Kita-Teams neue Energie

Wenn die Welt von multiplen Krisen gezeichnet ist, ist auch das Leben in den Kitas betroffen. Sorgen und Ängste beeinflussen die zwischenmenschlichen Kontakte. Niedergeschlagenen, zweifelnden Fachkräften fällt es schwer, energievoll neue Beziehungen einzugehen. So erleben sie die Neuaufnahmen und die damit verbundene Übergangsgestaltung der Kinder und ihrer Familien unter Umständen als Belastungsprobe. Damit das nicht passiert, brauchen Teams Stärkung, um neue Familien als Bereicherung erleben und willkommen heißen zu können.

BEOBACHTUNG

Unser Umgang mit Krisen

- Wie können wir vorsorgen, statt uns Sorgen zu machen – in unseren Familien und in unserer Kita?
- Wie sieht es praktisch aus, wenn wir uns gegenseitig ermutigen und uns gut zureden, statt Bedenken in der Teeküche zu verbreiten?
- Was tun wir, um gesund zu leben, statt Stress im Körper aufzubauen?
- Wenn wir uns Zeit für die Sorgen anderer nehmen wollen, wie machen wir das, damit wir selbst unsere Kraft behalten?
- Zu wem haben wir Vertrauen, wer könnte uns helfen und beraten, wenn uns ein Problem über den Kopf wächst?

Blick in die Praxis

Elisabeth Hollmann, Leiterin und Begründerin des ILKE®-Instituts in Offenbach, zu Krisenzeiten und dem Umgang damit:

Krisenzeiten sind von ihrem Charakter her chaotisch und dadurch für alle Menschen belastend. Da ist es von elementarer Bedeutung, seinen Werte-Kompass in sich zu tragen und die eigenen Werte – auch gegen Kritik oder Behinderungen von außen – im Alltag zu schützen. Das gilt genauso und erst recht für Kitas und ihre Teams. Denn sensible Kinder spüren die Ängste der Erwachsenen, sie sind in Gefahr, von ihrer Angst angesteckt zu werden. Also brauchen Kinder eine verlässliche Kita-Kultur, die ihnen Halt gibt.

Da, wo Kinder sind, ist viel Kompetenz und Mut vorhanden! Kinder geben uns die Energie, damit Kitas Orte des Friedens und der Freiheit bleiben. Es braucht Zeit im Team, um über Werte und Themen ihrer Kita nachdenken zu dürfen. Besonders wenn die Gegenwart und das Drumherum von Unsicherheit geprägt sind, ist die Reflexion so wichtig. Hier sollten Leitungen Prioritäten setzen. Aber es braucht Reflexionskompetenz im Team, damit Verwerfungen in der Gesellschaft die Kita-Teams nicht schwächen.

Übergangsobjekte wertschätzen

Blick in die Praxis

Dascha und ihre Katze Mimi

Dascha (3 Jahre alt) liebt ihre grauweiße Plüschkatze Mimi über alles. Sie ist von klein auf ihre Begleiterin in allen Lebenssituationen. Mimi spendet Trost, gibt Geborgenheit und Wärme. In unbekannten Situationen hält Dascha sich an ihrer Verbündeten fest. Vor dem Einschlafen bespricht Dascha die Erlebnisse des Tages mit Mimi. Sie ist die beste Zuhörerin und Freundin, die sie sich denken kann. Als Dascha in die Kita kommt, wird Mimi selbstverständlich eine Kindergartenkatze. Dort schaut sie zu, wie Dascha frühstückt, malt, baut, spielt. Immer sitzt sie dabei. Doch nun passiert etwas in Daschas Augen Unfassbares. Mimi darf nicht mit in den Garten. Dascha weint und macht sich große Sorgen. Mimi soll allein im Haus bleiben. Nicht nur das, sie soll sie in den Garderobenschrank bringen. Dascha weint immer stärker und fühlt sich immer hilfloser. Wie wird es Mimi wohl gehen, eingesperrt in einem dunklen Schrank? Bestimmt bekommt sie Angst. Mimi gehört doch zu ihr. Sie kann doch unmöglich ohne Mimi im Garten spielen. Das macht sie auf keinen Fall. Dascha bleibt in der Garderobe sitzen und bewegt sich trotz guten Zuredens nicht vom Fleck.

Die pädagogischen Fachkräfte Verena und Claudia vertreten eine ganz klare Position. Kuscheltiere können im Garten verloren gehen, zu gefährlich! Dascha muss lernen, dass es in der Kita Regeln, Grenzen und konsequentes Verhalten gibt. Eine typische Situation, in der das kleinkindhafte Weltbild auf das logisch-kausale Denken der Erwachsenen trifft: Eine mögliche Position der pädagogischen Fachkräfte Verena und Claudia könnte sein, dass sie sich sorgen, wie sie Dascha trösten können, wenn Mimi verloren geht. Vielleicht fürchten sie auch den Zeitaufwand einer aufwendigen Suche. Klar ist, beide Fachkräfte gehen von ihren Belangen aus. Statt auf Regeln zu pochen, sind sie gefordert, Daschas Position zu interpretieren und zu verstehen. Das setzt die Auseinandersetzung mit der Bedeutung von Übergangsobjekten für Kinder voraus.

Übergangsobjekte dürfen nicht vorenthalten werden

Einem Kind sein Kuschelobjekt vorzuenthalten oder wegzunehmen, aus welchen Gründen auch immer, ist eine nicht zu rechtfertigende Handlung, die mit Konsequenz und Erziehung nichts zu tun hat. Für Dascha ist Mimi weit mehr als ein Kuscheltier, eben ein Übergangsobjekt: Übergangsphänomene treten zwischen dem vierten und zwölften Lebensmonat auf. Zeitpunkt, Art und Intensität sind ganz unterschiedlich. Übergangsobjekte verlieren ihre enorme Bedeutung für das Kind, wenn sie ihre Aufgabe erfüllt haben. Persönliche Objekte spielen bei der Identitätsentwicklung eine wichtige Rolle. Sie besitzen Symbolcharakter und werden häufig bis ins Erwachsenenalter aufbewahrt. (vgl. Bahrenberg, 2016, S. 32–35)

Übergangsobjekte als Übergangsbegleiter

Bei der Bewältigung von herausfordernden Situationen, wie sich in eine Kita einzugewöhnen, leisten Übergangsobjekte einen wichtigen Beitrag. Sie helfen Kindern dabei, negative Gefühle zu regulieren. Sie beruhigen bei innerem Gefühlschaos, bieten Halt und Unterstützung. Kinder, die sich noch im Übergangsprozess befinden, kann der Wechsel vom Haus nach draußen verunsichern. Sie stellen sich vielleicht die Frage, ob Mama oder Papa sie womöglich nicht finden, wenn sie zum Abholen kommen.
Gerade im Übergang von den Räumen drinnen nach draußen in den Garten hätte Katze Mimi eine gute Unterstützung sein können. Statt im dunklen Schrank zu sitzen, hätte sie Dascha geholfen, all die tollen Möglichkeiten des Gartens zu entdecken. Gemeinsam hätten sie am Löwenzahn gepustet, Sandkuchen gegessen und die Rutschbahn ausprobiert!

Macht versus Beziehung

Was Verena und Claudia als konsequentes Verhalten bezeichnen, ist Machtausübung. Ist es den beiden ernst damit, eine gute Beziehung zu Dascha aufzubauen und zukünftig zu gestalten, wäre das der falsche Weg. Förderlich wäre, wenn die Fachkräfte ihre eigenen Belange hinten anstellen würden zugunsten Daschas deutlich gezeigtem Bedürfnis, Mimi mit in den Garten zu nehmen. Entscheiden sich Verena und Claudia für die Beziehung, können sie mit Dascha sprechen und zusammen Ideen entwickeln, damit Katze Mimi mit Dascha zurück ins Haus kommt.

Für das Kind ist das Übergangsobjekt ein Bindeglied zwischen zwei Welten: der des eigenen Zuhauses und der in seiner Krippe/Kita. Diese beiden Lebenszusammenhänge wirken ineinander und sollten daher gemeinsam in den Blick genommen werden. Ob ein Kind ein Übergangsobjekt nutzt und welchen Platz es einnimmt, sollte unbedingt Thema im Aufnahmegespräch sein.

WISSEN

Das Übergangsobjekt

Den Begriff *Übergangsobjekt* prägte der englische Kinderarzt und Psychoanalytiker Donald Wood Winnicott. Er gilt als einer der wichtigsten Vertreter der Objektbeziehungstheorie. Ein Übergangsobjekt ist nach der psychoanalytischen Objektbeziehungstheorie ein vom Kleinkind selbst gewählter Gegenstand, der die Lücke zwischen Kind und Eltern füllen kann. Es ist meist ein materielles Objekt (Schmusetuch, Kuscheltier o. Ä.), das es nach Winnicott dem Kind ermöglicht, den Übergang von der ersten frühkindlichen Beziehung zur Mutter zu reiferen Beziehungen zu vollziehen. Das Phänomen trifft meist im Alter von vier bis zwölf Monaten auf.(vgl. Winnicott, 1978, S. 20)

Perspektivenwechsel: Kindliches Denken und Fühlen anerkennen

Interpretieren pädagogische Fachkräfte das Verhalten von Kindern ausschließlich aus ihrer Erwachsenenperspektive, folgen zwangsläufig Missverständnisse und Fehlinterpretationen. Wie Kinder die Realität wahrnehmen, unterscheidet sich völlig von der Logik der Erwachsenen. Dazu hat Jean Piaget, Professor für Psychologie, als einer der ersten in den 1920er-Jahren geforscht. Bringen pädagogische Fachkräfte Kindern Achtung entgegen und betrachten sie als gleichwürdig, kommen sie nicht umhin, sich mit Entwicklungspsychologie und kindlichen Denkweisen zu befassen. Pädagogische Fachkräfte sind gut beraten, sich immer wieder bewusst zu machen, dass es vieler Entwicklungsschritte bedarf, bis Kinder ihr kleinkindhaftes Weltbild verändern können. Das logisch-kausale Denken der Erwachsenen stellt eine echte Heraus- und Überforderung für junge Kinder dar. Es berücksichtigt ihre Denkweise nicht und kann die Übergangsgestaltung enorm erschweren.

Wenn ich Nudeln essen will, ist es mir egal, dass du Kartoffeln gekocht hast. Ich will Nudeln, jetzt sofort!

Aufgrund ihrer Ich-Bezogenheit können junge Kinder andere Sichtweisen noch nicht verstehen. Dazu müssten sie die Perspektive wechseln können. Dieser Meilenstein in der Entwicklung liegt noch vor ihnen.

Aua, mein Kopf tut weh. Dummer Stuhl!

Kinder unterscheiden noch nicht zwischen belebt und unbelebt.

Der Osterhase hat für mich bunte Eier versteckt und mein Teddy hat mir ins Ohr geflüstert, wo ich sie suchen muss.

Die Welt ist magisch. Naturwissenschaftliche Erkenntnisse spielen für Kinder im Elementarbereich noch keine Rolle.

Die Sonne scheint, ich will ins Schwimmbad!

Die direkte Wahrnehmung beeinflusst das Denken. Mehrere Dimensionen oder Faktoren bleiben dabei unberücksichtigt. Ob es die Märzsonne ist und das Thermometer mal gerade 5 Grad anzeigt, liegt für das Kind außerhalb seines Denkens.

Ich will nicht ins Bett, die Nachttischlampe schaut mich immer so böse an, da kriege ich Angst.

Wie Kinder im Kindergartenalter ihre Umwelt deuten, ist emotional geprägt. Ihr magisches Denken gibt Gegenständen ein freundliches oder unfreundliches Gesicht. Das prägt ihre Haltung zur Umwelt.

Mein Rucksack ist verschwunden, komisch, er hat sich bestimmt versteckt.

Auch wenn ein Kind über Erfahrungen bereits gelernt hat, dass Gegenstände an ihrem Platz verbleiben, zieht es magische Erklärungen in Betracht.

Wenn pädagogische Teams im Nebel stochern

Das Team der Kita Nebelwand macht es wie die Mehrheit aller deutschen Kitas: Es lehnt die Eingewöhnung an das *Berliner Modell* an. Was das konkret heißt, ist bislang ungeklärt. Im Flyer für neue Familien ist ein Eingewöhnungszeitplan mit dem Vermerk „angelehnt an das Berliner Modell" abgedruckt. Den erhalten auch neue Mitarbeiter:innen, damit sie wissen, wie es läuft. Klar, dass in diesem Team, statt einer einheitlichen professionellen Haltung, persönlich gefärbte Interpretationen vorherrschen. So stolpern alle von einer Überforderungssituation in die nächste.

Die Kita Sonnenstrahl hat einen Konzeptbaustein zum Thema *Gestaltung der Eingewöhnung* entwickelt und sich in diesem Zusammenhang mit der Haltung der pädagogischen Fachkraft und des Teams auseinandergesetzt. Das Team kennt unterschiedliche Eingewöhnungsmodelle und deren theoretischen Denkrahmen. Es trifft eine bewusste Entscheidung für ein Modell. Das Team verschafft sich Klarheit bezüglich der Beziehungsgestaltung mit Familien und über das Bild vom kompetenten Kind, das mit Transitionskompetenzen ausgestattet ist.

Professionalität im Team sichern

Die Organisation und Gestaltung der Übergangs- und Eingewöhnungsphase haben in den fiktiven, stark überzogen dargestellten Kitas Nebelwand und Sonnenstrahl einen unterschiedlichen Stellenwert. Anhand dieser Beispiele sollen die typischen Fallen im Übergangsprozess beleuchtet werden – es geht nicht darum, pädagogische Fachkräfte abzuwerten, sondern Lernanlässe plastisch aufzuzeigen: Professionell gut aufgestellte Teams sind im Vorteil. Sie sind eher in der Lage, die Übergangsgestaltung an die Situation der Familien und der Kita anzupassen und geraten seltener unter Stress. Wichtig ist, dass das gewählte Modell zur gemeinsamen Zielsetzung passt – und die sollte sein, es Kindern und ihren Familien so leicht wie möglich zu machen.

Krankheiten und Eingewöhnungen

In der Kita Nebelwand
Tom: *Ich gewöhne nächsten Monat drei Kinder nacheinander ein, das wird wieder stressig. Hoffentlich werde ich nicht krank. Wenn ich krank bin, läuft alles aus dem Ruder.*

In der Kita Sonnenstrahl
Marlene weiß, dass sie Kinder nicht eingewöhnen kann. Sie nimmt ihre Aufgabe als Prozessgestalterin, Brückenbauerin und Moderatorin bewusst wahr. Damit schafft sie gute Voraussetzungen, dass es den drei Kindern in einem eigenaktiven Prozess gelingt, sich einzugewöhnen. Da die Übergangsgestaltung Teamaufgabe ist, steht Marlene nicht allein da. Sie ist Ansprechpartnerin für Familien und baut die ersten Beziehungen gemeinsam mit einer weiteren Kollegin auf. Das Team hält ihr den Rücken frei. Die Leiterin sorgt für passende Strukturen in ihrer Organisationsplanung. Der Raum als dritter Erzieher macht den Rest. Das Team arbeitet strukturiert und abgestimmt. Aus diesem Grund kommen die Kinder auch nicht nacheinander, sondern gleichzeitig. Am besten

eignet sich der Nachmittag, da ist es ruhiger. Marlene und ihre Kollegin können die drei neuen Familien gelassen in Empfang nehmen.

Ja, aber: Was passiert, wenn Marlene während der Eingewöhnungen krank wird?
Bei diesem Eingewöhnungsmodell lastet nicht alles allein auf Marlenes Schultern. Falls sie erkrankt, kennen die Kinder und die Fürsorgepersonen bereits eine weitere Bezugsperson, die ebenfalls gut Bescheid weiß und ihnen Sicherheit vermittelt.

Begleitpersonen

In der Kita Nebelwand
Tom: *Eltern, die sich nicht auf unser 1:1-Eingewöhnungskonzept einlassen, sind desinteressiert. Dieser Mutter ist ihr Kind egal, sie schickt einfach die älteren Geschwister mit, armer Nyan!*

In der Kita Sonnenstrahl
Würden sich Marlene und ihre Kolleg:innen ausschließlich an den Bindungstheorien orientieren, kämen sie jetzt an ihre Grenzen. Das Team hat sich anders entschieden. Nyan und seine Familie kommen aus Asien. Nyan wächst verbundenheitsorientiert auf. In seiner Kultur ist es üblich, dass die älteren Kinder den jüngeren als Vorbild dienen. So hat Nyan von Anfang an seine Geschwister als Bindungspersonen erlebt. Einfach nur konsequent, dass sie ihn auch in die Kita begleiten, oder? Da Nyan gelernt hat, sich in Kindergruppen zu integrieren, hat er es leicht. Marlene und ihre Kolleg:innen legen großen Wert auf eine kultursensitive Eingewöhnung.

Ja, aber: Was passiert, wenn Nyan nach seiner Mama weint?
Einfach gelassen bleiben, die Geschwister haben große Erfahrung im Trösten und wissen, was Nyan braucht.

Erste Trennungen

In der Kita Nebelwand
Tom: *Stellt euch das mal vor, wollte Herr Schneider doch heute Morgen unbedingt Linus allein hierlassen. Linus hätte auf dem Weg beschlossen, heute zum ersten Mal allein in der Kita zu bleiben. Da musste ich Linus leider enttäuschen und den Vater auch, weil wir ja montags nie den ersten Trennungsversuch machen.*

In der Kita Sonnenstrahl
Marlene kennt die Empfehlung aus dem Berliner Eingewöhnungsmodell, den ersten Trennungsversuch nicht nach dem Wochenende zu initiieren, weil es den Kindern nach geballter Familienzeit montags besonders schwerfallen könnte, sich von ihrer Bezugsperson zu trennen und alleine in der Kita zu bleiben. Marlene geht aber von Linus als kompetentem Kind aus, das seinen Eingewöhnungsprozess partizipativ mitgestaltet. In seinem Autonomiebestreben nutzt Linus sein Recht auf Mitsprache. Marlene unterstützt Linus in seinem Anliegen. Linus verabschiedet seinen Vater freudig und winkt ihm hinterher.

Ja, aber: Was machen wir, wenn es für Linus zu früh ist und er weint?
Marlene hat für ein Sicherheitsnetz gesorgt. Beim ersten Signal von Linus kann Marlene Herrn Schneider dazuholen, denn er sitzt im Elternbereich der Kita. Ein erfolgreicher Vormittag für alle nimmt seinen Lauf. Jetzt kann sich nicht nur Linus kompetent fühlen, sein Vater und seine Erzieherin können es auch. In Kooperation haben sie es Linus ermöglicht, sein Ziel zu verfolgen. Marlene ist in ihrem Zeitmanagement frei. Unter den konzeptionellen Gesichtspunkten *bedürfnisorientiert* und *individuell angepasst* trifft sie ihre Entscheidungen. Marlene kann offen mit unerwarteten Situationen umgehen, denn es gibt keinen konkreten Zeitplan, den sie einhalten muss.

Eltern in Trennungssituationen

In der Kita Nebelwand

Tom: *Das ist ja komisch, ich gewöhne den Papa ein und nicht das Kind. Er kann sich einfach nicht trennen!*

In der Kita Sonnenstrahl

Marlene und ihr Team kennen sich mit der Transitionstheorie aus und wissen, dass nicht nur das Kind, sondern auch der Vater den Übergang zu bewältigen hat. Marlene sucht das Gespräch mit ihm, um in Erfahrung zu bringen, was ihn daran hindert, sein Kind für ein paar Minuten allein in der Kita zu lassen. Bestimmt hat er einen guten Grund für sein Verhalten. Elvira kennt die Prinzipien des systemischen Ansatzes. (vgl. Evanschitzky/Zöller, 2021, S. 21–24, S. 53–56)

Ja, aber: Was tun, wenn alle Eltern wochenlang im Gruppenraum sitzen?

Da Eltern unterschiedliche Vorerfahrungen machten und individuelle Persönlichkeiten sind, gehen sie auch unterschiedlich mit Trennungssituationen um. Also keine Sorge, es wird sich regeln, nicht alle Eltern bleiben in der Eingewöhnung wochenlang in der Kita.

Früher Kita-Besuch

In der Kita Nebelwand

Tom: *Ich verstehe die Eltern von Mona nicht, da schicken sie ihr Kind mit einem Jahr in die Krippe und dann stellen sie sich so an und jammern, sie hätten ein schlechtes Gewissen und wären Rabeneltern. Selbst schuld, wer sein kleines Kind weggibt, muss halt leiden. So ist das, wenn die Selbstverwirklichung an erster Stelle steht.*

In der Kita Sonnenstrahl

Marlene und ihr Team haben sich mit ihren eigenen Biografien und ihren Werten auseinandergesetzt. Sie haben gemeinsam eine professionelle Haltung für die Gestaltung des Übergangs entwickelt: Jede Familie ist willkommen. Familie Frisch hat bestimmt Gründe für ihre Entscheidung. Und ganz ehrlich: Die Frischs sind erst seit einem Jahr Eltern, also völlig unerfahren in Trennungsprozessen. Als sie Mona für die Krippe anmeldeten, war sie vier Wochen alt. Marlene und alle anderen im Team haben Monas Familiensituation im Blick und stehen den Eltern unterstützend zur Seite.

Ja, aber: Was, wenn es für die Familie zu früh ist?

Mutmaßungen und Beurteilungen sind kein Zeichen der Professionalität einer pädagogischen Fachkraft. Ihre Aufgabe ist es, die Entscheidung der Eltern mitzutragen und sie in der Umsetzung bestmöglich zu begleiten.

Eingewöhnung in der Peergroup

In der Kita Nebelwand

Tom: *Gestern stand hier eine Tagesmutter in der Tür. Sie sagte, sie käme im Auftrag von Familie Weber und Familie Kochanowski. Sie würde deren*

Kinder Julius und Malu beim Übergang in die Kita begleiten. Geht's noch?

In der Kita Sonnenstrahl
Julius und Malu sind seit zwei Jahren ein eingespieltes Team. Die Tagesmutter ist eine sichere Bezugsperson für beide und hat das volle Vertrauen der Eltern. Da ist eine Tandem- oder Peergroup-Eingewöhnung ideal. Marlene moderiert den Übergang und kann sich nur wundern, mit welcher Selbstsicherheit Julius und Malu die neue Situation meistern. Im kontinuierlichen Austausch mit der Tagesmutter gelingt es den beiden Kindern gut, sich einzugewöhnen.

Ja, aber: Was tun, wenn Julius und Malu keinen Kontakt zur Gruppe aufnehmen?
Marlene nutzt die Ressource der Kinder, in diesem Fall ihre stabile Freundschaft. Die macht es beiden leicht, sich gemeinsam auf Neues einzulassen. Bei der Tagesmutter spielen Julius und Malu auch mit anderen Kindern. Hier ist Zuversicht angebracht. Sind die beiden erst gut angekommen, sind sie bestimmt an weiteren Spielpartner:innen interessiert.

Schon angekommen?

In der Kita Nebelwand
Tom: *Die Mama von Anastasia habe ich heute schon heimgeschickt. Es ist zwar erst der zweite Tag, aber sie braucht ihre Mutter gar nicht. Sie spielt sofort und ist gut drauf. Das war eine turboschnelle Eingewöhnung.*

In der Kita Sonnenstrahl
Gerade Kinder, die auf den ersten Blick schnell ankommen, realisieren die neue Lebenssituation möglicherweise zeitverzögert. Sind Kinder besonders offen für Neues, verlängert das Team die Eingewöhnungszeit, anstatt sie zu verkürzen. So können sie gut herausfinden, ob Anastasia wirklich so schnell oder eher langsam im Begreifen ihrer neuen Lebensumstände ist. Trifft Letzteres zu, wird Anastasia profitieren, wenn sich Eltern und Fachkräfte mehr Zeit in der Eingewöhnung nehmen.

Ja, aber: Sollen wir jetzt bei jedem „schnellen" Kind die Zeiten ausdehnen?
Ja, denn mehr Zeit am Anfang zu investieren, bedeutet perspektivisch oftmals Zeit gewinnen. Das Kind wird emotional aufgefangen und davor bewahrt, zu einem späteren Zeitpunkt in ein tiefes Loch zu fallen.

INTERVIEW

Pädagogin, Coachin und Fortbildnerin Sylvia Zoller hat sich auf den Weg von Berlin nach München gemacht. Sie beschreibt, welcher Gewinn das Kennenlernen des Münchener Modells für sie war.

Ende der 2000er-Jahre führte ich als Referentin, völlig überzeugt vom Berliner Eingewöhnungsmodell, viele Kita-Teams in dieses Modell ein. Nach und nach mehrten sich jedoch die Rückmeldungen, wie schwierig es mit diesem Eingewöhnungsmodell vor allem in der Ganztagsbetreuung und in offenen Konzepten sei. Die Kolleg:innen berichteten, dass Kinder, sobald ihre Bezugserzieher:in in die Pause oder in den Feierabend ging, nicht mehr spielten, nicht mehr aßen und sehr verzweifelt waren. Die Kinder warteten beispielsweise vor der Toilette, bis ihr:e Bezugserzieher:in wieder herauskam. Erzieher:innen nahmen während der Eingewöhnung Medikamente, wenn sie krank wurden, um wenigstens diese eine Stunde da zu sein. Kita-Leitungen erzählten, dass es immer sehr herausfordernd war, die Dienstpläne an die Eingewöhnungen anzupassen, dass beispielsweise die Teilzeitkraft jeden Tag kommen konnte. Eltern suchten nach ihrer Bezugserzieher:in oder „Privaterzieher:in" in der Kita und waren ebenso verzweifelt, wenn diese krank oder zur Fortbildung war. Was war da nur los? Ich machte mich auf die Suche, um zu verstehen, was Fachkräfte, Kinder und Eltern in solche ungünstigen Situationen führte. Eine erste Antwort bekam ich 2010 von Anna Winner und Elisabeth Erndt-Doll, die darüber sprachen, dass im Berliner Eingewöhnungsmodell die Idee des Familiensettings auf die Eingewöhnung in die Kita übertragen wurde. Das Bindungsband zur Mutter sollte sich in der Eingewöhnung auf eine pädagogische Fachkraft übertragen. Was aber, wenn diese krank wurde, die Stelle wechselte oder schwanger wurde? Diese Übertragung führte zu den genannten schwierigen Situationen. Es wurde deutlich, dass das Familiensetting nicht auf ein institutionelles Setting übertragen werden kann.

So lernte ich das Münchener Eingewöhnungsmodell kennen. Ich erfuhr, dass es hier nicht um einen Bindungsaufbau zwischen einem Kind und eine:r Erzieher:in ging. Vielmehr liegt der Fokus darauf, das Kind und seine Familie mit der Einrichtung, den verlässlich anwesenden Pädagog:innen, der Kindergruppe, der gebuchten Betreuungszeit, den Räumen usw. vertraut zu machen – das Kind also so lange von seiner Fürsorgeperson begleiten zu lassen, bis es mit allem bekannt und vertraut ist, und dadurch Sicherheit und Kompetenz gewinnt, um in der Kita allein bleiben zu können. Diese Begegnung und Erkenntnis war für mich wie eine Sternstunde.
Mit diesem Kompetenzblick war es möglich, Eingewöhnungen anders zu begleiten und für das gesamte System praktikabler und weniger belastend zu gestalten. Von da an ging ich in die Erprobung mit einigen Kommunen. In vielen Kitas konnte ich immer wieder die gleiche Erfahrung machen: Die Eingewöhnungen gestalteten sich leichter, sanfter, bedürfnisorientierter und weitaus partizipativer für alle Beteiligten. Mein großes Glück war, viele Fachberatungen und Träger um mich zu haben, die mit in die Erprobung gingen und ebenso aufatmeten, dass der Druck aus den Kitas genommen war.

Auswirkungen auf

Strukturen und Abläufe

Übergänge flexibel gestalten

Bei vielen Trägern werden freie Plätze direkt zum Ersten des Folgemonats neu besetzt. So ergeben sich unterschiedliche Ausgangssituationen, die eine differenzierte Planung nötig machen. Am einfachsten ist es, wenn sich Teams mit unterschiedlichen Modellen beschäftigt haben, um dann den jeweils passenden Ansatz auszuwählen und für ihre Einrichtung situationsorientiert anzupassen. So kann es Einzeleingewöhnungen, Tandem- oder Peergroup-Eingewöhnungen in einer Kita geben. Wichtig ist, dass sich das Team eine gemeinsame Grundlage erarbeitet, die sicherstellt, welche Werte und welche Haltung der Übergangsgestaltung zugrunde liegen, unabhängig vom Modell.

Übergänge betreffen das ganze Team

Qualitätsvolle Übergangsgestaltung bedeutet eine Einigung darauf, dass Beziehungsaufbau und Beziehungsarbeit für alle im Haus eine grundlegend wichtige Aufgabe ist. Übergangsbegleitung geht alle an. Sie ist eine vom kompletten Team getragene Verantwortung. Während der Zeit, in der sich Kinder eingewöhnen, nehmen alle Rücksicht – räumlich, organisatorisch, personell und auch personenbezogen. Den Übergangsprozess zu gestalten, erfordert eine hohe Konzentration der eingebundenen Fachkräfte. Darum sollte das Team einen Teil seiner regulären Aufgaben unter sich aufteilen. Es liegt in der Verantwortung der Leitung, den Prozess zu begleiten und den Übergangsbegleiter:innen beratend zur Seite zu stehen.

CHECKLISTE

Aufgaben der Kita-Leitung in Kooperation mit dem Team

- ☐ Jahres- und Aufnahmeplanung
- ☐ Platzzusagen mit Aufnahmeterminen
- ☐ Terminierung aller Übergänge (Eingewöhnungen)
- ☐ Terminierung von Infonachmittagen oder Elternabenden, spätestens acht Wochen vor Aufnahme
- ☐ Zeit für Aufnahmegespräche und den Eingewöhnungszeitraum planen
- ☐ Dienstpläne für Übergangsbegleiter:innen erstellen und Reflexionszeiten einplanen
- ☐ Anpassung der Dienstpläne des Gesamtteams (inklusive Urlaub und Fortbildungen)
- ☐ Raumplanung für die Kita erstellen

Gestaltung des Peergroup-Übergangs

Bei der Übergangsgestaltung in der Peergroup gewöhnen sich in der Regel drei bis fünf Kinder im gleichen Alter in Begleitung je einer Fürsorgeperson gleichzeitig ein. Das bedeutet nicht, dass alle Kinder jeden Schritt im Ablöseprozess gleichzeitig und gemeinsam gehen. Der individuelle Prozess hat immer Vorrang. Zwei Übergangsbegleiter:innen moderieren und begleiten den Eingewöhnungsprozess. Sie schaffen in einem separaten Raum eine anregungsreiche, vorbereitete Umgebung, in der die Kinder leicht ins Spiel kommen – allein, nebeneinander und miteinander. Sie fördern den Beziehungsaufbau und die Interaktionen zwischen den Kindern, damit diese sich sanft von ihren Fürsorgepersonen lösen können. Dabei beobachten sie jedes einzelne Kind und die komplette Gruppe, um bei Bedarf zu unterstützen, damit alle gut ankommen. Außerdem übernehmen sie die Kommunikation mit den Familien in Form von täglichen Rückmeldungen und Zwischengesprächen. So können sich alle sicher fühlen.

Gemeinsam gut in die Kita starten

Zu Beginn bleiben die Fürsorgepersonen als Gruppe mit im Raum – so haben die Kinder die Möglichkeit, jederzeit zu ihnen zurückzukehren und können sich ihres sicheren Hafens vergewissern. Parallel nehmen einzelne Kinder Kontakt zu den Übergangsbegleiter:innen auf, die den Beziehungsaufbau individuell angepasst starten. Hier haben alle Kinder die Chance, über Beobachtung und Nachahmung am Modell zu lernen.

Die Reaktion des einzelnen Kindes steht beim Trennungsversuch im Vordergrund und ist wegweisend im weiteren Ablöseprozess. Das individuelle Bedürfnis hat immer Vorrang vor der Gruppe. Kinder, die die Trennung schon gut meistern, haben in der Regel keine Schwierigkeiten, wenn einzelne Fürsorgepersonen länger dabei sind. Die Verweildauer der Kinder ohne ihre Fürsorgepersonen wird sukzessiv ausgedehnt.

Vorteile der Peergroup-Eingewöhnung

- Partizipationsmöglichkeiten von Anfang an: Die Kinder entscheiden, mit wem sie innerhalb der Peer in Beziehung treten möchten.
- Alle Kinder bewältigen dieselbe Entwicklungsaufgabe. Sie lernen mit- und voneinander.
- Die Beziehungen entwickeln sich nicht in Abhängigkeit vom Erwachsenen, sondern parallel dazu.
- Teil einer Peer zu sein, gibt Kindern Halt und Stärke. Miteinander finden sie sich besser in den Kita-Alltag ein.
- Für Eltern ist es leichter, wenn sie gemeinsam in einer Gruppe ihren persönlichen Übergang bewältigen.
- Nicht nur die einzelne Fachkraft-Kind-Beziehung steht im Fokus, sondern die gesamte kulturelle Qualität der gestalteten Eingewöhnungssituation in einer Krippe oder Kita.

Lerngeschichte

Eine Lerngeschichte hält den Übergangs- und Eingewöhnungsprozess fest. Hier ein Ausschnitt aus Milas Lerngeschichte

Liebe Mila,

als du zwei Jahre und neun Monate alt warst, bist du mit deiner Mama in die Kita gekommen. Außer dir waren noch Linus, Mike, Olga und Renata mit ihren Mamas oder Papas gekommen. Gemeinsam wolltet ihr die Kita kennenlernen und euch eingewöhnen. Denn bald würdet ihr richtige Kita-Kinder sein. Zuerst haben wir alle zusammen eine Begrüßungsrunde gemacht. Da hast du auch mich (Maria) und Ben kennengelernt. Wir hatten uns vorgenommen, euch bei diesem wichtigen Schritt zu begleiten. Eure Eltern spielten mit euch. Ben und ich schauten zu, um euch kennenzulernen. Du bist mit deiner Mama direkt in die „Wohnung" unter der Spielebene gegangen, um zu kochen. Euer Spiel wirkte so, als würdest du es von zu Hause kennen. Nachdem wir uns schon ein paar Mal getroffen hatten, hast du gesagt: „Maria, komm her und koch Grießbrei!" Du, deine Mama und ich haben zusammen gekocht. Du hast mich angelächelt und ich habe dann jeden Tag mit dir Grießbrei gekocht. Deine Mama hat zugeschaut. Sie setzte sich an den Tisch im Raum, du hast ihr manchmal auch Grießbrei gebracht. Ich habe mich sehr gefreut, als du ein paar Tage später gerufen hast: „Essen, Essen!" Renata und Linus sind gekommen. Du hast ihnen Teller und Löffel gegeben. Linus hat den Grießbrei probiert, den Kopf geschüttelt und ist wieder gegangen. Renata hat ihren Teddy gefüttert. Ihr habt euch angelächelt. Ab da haben wir zunächst zu dritt zusammen gespielt. Dann hast du gesagt, ich kann zu deiner Mama gehen, weil du mit Renata spielen willst. Das hat mich sehr gefreut, dass du so genau sagen konntest, was du willst. Ich freue mich sehr für dich, dass du in Renata eine Spielpartnerin gefunden hast. Zusammen habt ihr es auch geschafft, eure Mamas das erste Mal zu verabschieden und ohne sie im Spielzimmer zu bleiben. Als Renata traurig wurde, hast du ihren Teddy geholt und gesagt: „Mama kommt gleich." Das hattest du schon gut verstanden. Ab diesem Zeitpunkt habt ihr beide jeden Tag in der Wohnung gespielt. Wenn deine Mama aus dem Raum gegangen ist, hast du ihr zum Abschied zugewunken und gleich weitergespielt. Das hat mich sehr erstaunt, wie selbstverständlich es für dich in der Zwischenzeit ist, in der Kinderwohnung zu spielen und ohne deine Mama in der Kita zu sein. Du hast gelernt, dass deine Mama immer wiederkommt und dass Ben und ich dich gut unterstützen, wenn du Hilfe brauchst. Mit Renata verbindet dich, dass ihr gemeinsam die neuen Kinder wart. Ihr tröstet euch gegenseitig, wenn ihr mal traurig seid. Es ist schön zu sehen, wie gut ihr euch versteht. Zusammen lernt ihr andere Spielbereiche in der Kita kennen und lieben. Zusammen erlebe ich euch als sehr mutig und abenteuerlustig. Gestern habt ihr zum ersten Mal im Atelier an der großen Staffelei ein Bild gemalt. Ich bin gespannt, was dich als Nächstes interessiert.

Deine Maria, im Mai 2022

Das ganzheitliche Übergangsmodell

Bei dem Prinzip ILKE® handelt es sich um ein wertorientiertes frühpädagogisches Konzept, das für ein beziehungsvolles Miteinander in einer vernetzten Kita-Struktur sorgt. Es basiert auf einem Verknüpfungssystem zwischen der Ich- und der Wir-Ebene, der Raum-Bildungs- und der Ablauf-Organisations-Ebene. Die Integrale-LernKultur-Entwicklung (ILKE®) heißt deswegen integral, weil sie von einem ganzheitlichen Institutionsverständnis geprägt ist, von einem konstruktiven Zusammenwirken zwischen vier Dimensionen: einer vertrauenden Haltung der Erwachsenen, einer konstruktiven Kommunikation zwischen allen Beteiligten, einer ästhetischen RaumBildung und transparenten Organisationsabläufen. Die langjährige Beobachtung von Kindern in ILKE®-geprägten Kitas zeigt: Sie verhalten sich selbsttätig und eigenständig in Resonanz zu dem ganzheitlich entwickelten wertorientierten Kita-Milieu, das Kindern etwas zutraut. Allein über ihre Wahrnehmungen und ihre Emotionen erfahren hier die Kinder, dass sie willkommen sind. Genau das fühlen auch Eltern und Besucher:innen in kurzer Zeit, wenn sie die Kita betreten. Darum ist es lohnend, sich auf das Prinzip ILKE® einzulassen, um die Qualität im Übergangs- und Eingewöhnungsprozess strukturiert anzuheben.

Zur Ich-Ebene

Die pädagogischen Fachkräfte achten das individuelle Explorations- und Beziehungsbedürfnis eines jeden Kindes. Sie nehmen die Feinzeichen des Kindes wahr und reagieren bedürfnisorientiert. Die pädagogischen Fachkräfte sind sich ihrer Rolle als Moderator:in bewusst und haben ihre eigene Bindungsbiografie reflektiert. Statt sie an sich zu binden, unterstützen sie die Kinder beim Aufbau von Beziehungen, damit sie sich gut ins Kita-System einbinden können.

Zur Wir-Ebene

Der Eingewöhnungs- und Übergangsprozess der neuen Familien wird als Teamaufgabe wahrgenommen. Die Wahrung der Integrität und Gleichwürdigkeit von Eltern ist die Basis der Kooperation. Die pädagogischen Fachkräfte verhalten sich gegenüber Eltern und Kindern responsiv. Kindertagesstätte, Kinder, pädagogische Fachkräfte und Eltern sind darüber informiert, dass sich Kinder im Eingewöhnungsprozess befinden bzw. dass demnächst neue Kinder hinzukommen und es Veränderungen in der Kita geben wird.

Zur RaumBildungs-Ebene

Die pädagogischen Fachkräfte wissen um die physische und psychische Auswirkung von Räumen auf Menschen. Zur Unterstützung des Geborgenheitsgefühls neuer Kinder achten sie auf eine harmonische Wohlfühlatmosphäre und sorgen für Ruhe- und Rückzugsplätze. Das Explorationsverhalten der Kinder fördern sie durch Anregungsreichtum und Vielfalt. Pädagogische Fachkräfte sorgen mit Ordnung und Klarheit in den Räumen dafür, dass sich neue Kinder schnell orientieren können.

Zur Ablauf-Organisations-Ebene

Pädagogische Fachkräfte beachten die unterschiedlichen Bedürfnisse und den Rhythmus der Kinder. Sie sorgen mit einem flexibilisierten Tagesablauf dafür, dass jedes Kind zu seinem Recht kommt. Sie entwickeln Rituale im Übergang zwischen Ankommen und Verabschieden, Spielen, Essen, Schlafen und leben diese im Tagesablauf. Es geht darum, Abläufe so einfach wie möglich zu gestalten, praktische und pragmatische Lösungen zu finden, damit sich die Kita-Neulinge sanft eingewöhnen können.

Der Übergangs- und Eingewöhnungsprozess gelingt, wenn …

… ein Kind seine Bedürfnisse erfüllt bekommt und sich selbst entfalten kann, wenn es die Möglichkeiten hat, sich die Kita zu eigen zu machen.

… ein Kind mit Menschen zu tun hat, die daran glauben, dass es die Brücke vom Elternhaus in die Kita unbeschadet und gestärkt überwindet.

… ein Kind Räume erforschen kann, die genug Halt, Anregung und Freiraum bereithalten, die seine Lernbegeisterung nähren, sodass es gerne in der Kita sein will.

… ein Kind klare Strukturen, einen transparenten Rahmen und gut durchdachte Abläufe erlebt, die ihm vermitteln: „Ich kenne mich in meiner Kita aus."

Stress steht einem gelungenen Übergang im Weg

Die neue Lebenssituation im Übergang von der Familie in die Kita, die damit verbundenen Erfahrungen und Erlebnisse fordern Kinder zum Lernen heraus. Geraten Kinder unter Stress, sind sie kaum offen für Neues. Eine gut durchdachte Strukturierung des gesamten Übergangsprozesses schützt nicht nur Kinder, sondern auch ihre Familien und das Kita-Team vor unnötigem Stress. Bei Stress wird vermehrt das körpereigene Hormon Cortisol ausgeschüttet, das an zahlreichen Stoffwechselvorgängen beteiligt ist. Stimmt hier das Maß nicht mehr, drückt sich das in körperlichem Unbehagen aus.

Stresssignale der Kinder erkennen

Eine neue Umgebung, fremde Menschen, ein ungewohnter Tagesrhythmus, unbekannte Regeln und ein hoher Lärmpegel können bei Kita-Neulingen, unmittelbar nach der Ablösephase, zu hoher emotionaler Anspannung führen. Dies kann ein Hinweis auf eine zu schnelle Trennung sein. Die Überforderung äußert sich unterschiedlich: Till leidet still mit abwesendem Blick und Daumen im Mund. Lilly gebärdet sich immer lauter und wilder. May ist ständig weinerlich und klammert. Ella schreit, beißt und kratzt, wenn sich andere Kinder nähern. Leo wirft mit Gegenständen und Luise kneift.

So können pädagogische Fachkräfte gegensteuern

Ein gestresstes Kind im Übergangsprozess zu begleiten, ist anstrengend und setzt die Fachkraft möglicherweise unter Druck. Die Gefahr, Lilly oder Leo als schwierig zu stigmatisieren, steigt. Das muss nicht sein. Statt der Frage *Warum?,* also der Frage nach der Ursache, ist die Frage nach dem Bedürfnis, also nach dem *Wozu?,* hilfreich und zielführend. So kann man zu einem Verständnis ohne Schuldzuweisungen kommen. Befassen sich pädagogische Fachkräfte mit dem Bedürfnis hinter dem Verhalten, gelingt es meist, die Situation über veränderte Strukturen zu entlasten.

Strukturelle Stressabwender

Manche Umstände der Eingewöhnung können Sie so gestalten, dass Stress gar nicht erst aufkommt: Legen Sie den ersten Termin nicht auf einen Montagmorgen, wenn Sie nicht sicher wissen, dass Sie personell gut aufgestellt sind. Die Ankommenszeit der neuen Kinder sollte außerhalb der normalen Bringzeit liegen, um Stress in der Garderobe zu vermeiden. Terminieren Sie Übergangsprozesse direkt in den Nachmittag und halten Sie die Eingewöhnungssequenzen kurz. Wenn die Kinder gut gelaunt und nicht erschöpft nach Hause gehen, steigert das die Vorfreude auf den nächsten Tag.

Ermöglichen Sie Kindern, den kompletten Tagesablauf mit Frühstück, Mittagessen und der Nachmittagszeit zu erleben, indem Sie die Anwesenheit nach oben und unten ausdehnen. So lernen die Kinder nach und nach auch Kolleg:innen weiterer Räume und anderer Dienste kennen.

Begleiten Sie alles, was für Kinder neu ist, sprachlich und veranschaulichen Sie den Tagesablauf, zum Beispiel durch Fotos. So können Sie den Kindern bildhaft erklären, was bis zum Abholen noch alles passieren wird. Anstehende Veränderungen besprechen Sie immer mit den Eltern und dem Kind. Auch kleine Rituale können helfen, stressfrei durch den Tag zu kommen und Kindern Sicherheit zu geben. Zum Beispiel können Kinder ihre Eltern zur Tür bringen und vom Fenster aus winken, bevor das Buch mit der Feuerwehr angeschaut wird.

Praxisbeispiel

Wenn Eingewöhnungen bei allen Beteiligten Stress verursachen

Im letzten Jahr gab es in der Kita Regenbogen ständig Neuaufnahmen in der Nestgruppe. Das ist die auf Eingewöhnung spezialisierte Gruppe. Die Schwerpunktaufgabe des pädagogischen Personals ist es, die meist Einjährigen in ihrem Übergang zu unterstützen. Ist die Eingewöhnung abgeschlossen, gehen die Kinder ins offene System. Es folgen direkt neue Eingewöhnungskinder, die zuständigen Kolleg:innen sind immer die gleichen. Das führt dazu, dass das Team in der Nestgruppe unter Daueranspannung steht, ständig müssen sie mit neuen Kindern und ihren Eltern in Beziehung gehen. Die Kolleg:innen, die die eingewöhnten Kinder übernehmen, fühlen sich überfordert, weil die Kinder überfordert sind und zurück in die Nestgruppe wollen. Das geht aber nicht.

Wenn Beziehungen nicht nachhaltig gestärkt werden

Trotz scheinbar gelungener Eingewöhnungen sind die Kinder instabil und fallen emotional in ein Loch. Die Beziehung seitens der Fachkräfte wird aufgebaut, aber nicht vertieft und gestaltet. Statt Stärkung erleben die Kinder Verlust und Unsicherheit.

So könnte sich die Situation zum Positiven wenden: Der Wechsel in die offene Gruppe erfolgt in einer Kleingruppe mit Kindern, die schon miteinander in Kontakt sind und sich gegenseitig stützen. Auch nach der Eingewöhnung treffen die Kinder auf ihnen bekannte Pädagog:innen, die im Alltag Sicherheit vermitteln. Diese begegnen ihnen mit der Haltung: *Wir wissen, dass du kompetent bist und mehr kannst, als wir denken.* Doch die pädagogischen Fachkräfte, die den Übergang der Kinder begleitet haben, sind nicht mehr allein zuständig, sondern das ganze Team ist an Bord.

Der Nestraum steht, außerhalb der Eingewöhnungszeiten, zur Verfügung. Er ist eine sichere Basis für die Kinder, die sich bereits eingewöhnt haben, aber noch mehr Schutz und Sicherheit brauchen. Hier kennen sie sich gut aus. Es gibt nicht mehr nur die Nestgruppe für neue Kinder. Zukünftig wechseln die Übergangsbegleiter:innen mit den Kindern, die gerade den Übergang gemeistert haben, in die geöffneten Strukturen. Neue Übergangsbegleiter:innen sind dann für die nächste Peergroup zuständig.

INTERVIEW

Fortbildnerin und Wissenschaftlicherin Prof. Dr. Marjan Alemzadeh über Stressreduktion durch das Partizipatorische Eingewöhnungsmodell

Frau Alemzadeh, warum haben Sie das *Partizipatorische Eingewöhnungsmodell* entwickelt?
Krippenbetreuung ist für die Mehrzahl der Kinder mit erheblichem Stress verbunden. Die Wiener Krippenstudie hat gezeigt, dass Krippenkinder in den ersten Wochen, und auch noch nach fünf Monaten Betreuung, erhöhte Stresswerte aufweisen. Diese Ergebnisse bestätigen meine Beobachtungen in Krippen, Kitas und Tagespflegestellen. Ich erlebte viele unglückliche Eltern-Kind-Paare in der Bringsituation: Kinder, die sich an ihren Eltern festkrallten, sich gegen das Abgeben wehrten, besorgte Eltern, denen es schwerfiel zu gehen, die aber von den Fachkräften weggeschickt wurden. Ich erlebte Kinder, die sehr lange traurig in der Garderobe saßen und darauf warteten, abgeholt zu werden. Dies fühlte sich nicht richtig an. Ich fragte mich, was in diesen Fällen schiefgelaufen ist und wie sich Ablösesituationen für alle Beteiligten positiver gestalten lassen. Schnell wurde der Zusammenhang zu einer nicht gelungenen, oft viel zu schnellen Eingewöhnung deutlich. Die pädagogischen Fachkräfte legten die Schritte der Eingewöhnung fest, gemäß dem Kita-Zeitplan oder auf der Grundlage eines bestimmten Eingewöhnungsmodells. Das führte häufig zu Ohnmachtserfahrungen bei den Akteur:innen, da kindliche und elterliche Bedürfnisse außer Acht gelassen wurden. Für mich war das der Auslöser, ein neues Eingewöhnungsmodell zu konzipieren.

Inwieweit unterscheidet es sich von anderen Modellen?
Das *Partizipatorische Eingewöhnungsmodell* ist interdisziplinär. Ich berücksichtige aktuelle wissenschaftliche Ergebnisse aus der Pädagogik der frühen Kindheit, aus der Bindungstheorie, aus der Transitionsforschung, aus der prä-, peri- und postnatalen Psychologie. Auch fließen Erkenntnisse aus der Traumapädagogik ein. In meinen Forschungen wurde deutlich, dass Transitionen, und damit auch Eingewöhnungen, äußerst komplex sind. Das Hauptmerkmal des *Partizipatorischen Eingewöhnungsmodells* ist, dass sich alle Akteure aktiv in die Gestaltung der Eingewöhnung einbringen dürfen, auch im Hinblick auf das für sie passende Tempo. Vieles baut auf dem *Münchener Modell* auf. Allerdings lässt das *Münchener Modell* bindungstheoretische Grundlagen außer Acht. Im *Partizipatorischen Eingewöhnungsmodell* sind sie wichtig, um an die Bedürfnisse der Kinder und Eltern anzuknüpfen. Das *Berliner Modell* beachtet kaum das Bild des Kindes als kompetenten Akteur. Der Geburt als erste Transition wird nur im *Partizipatorischen Eingewöhnungsmodell* Aufmerksamkeit geschenkt, da wir uns über den möglichen Einfluss dieser ersten Transition sehr bewusst sind. Ein weiteres wesentliches Unterscheidungsmerkmal ist das *Wahrnehmende Beobachten* als Grundlage aller Entscheidungen. Dadurch rückt der Blick auch auf alle Beteiligten. Vorherige Traumata in Bezug auf Trennungs- oder Verlustängste können auch bei den begleiteten Fachkräften oder den Eltern reaktiviert werden, nicht nur bei den Kindern. Hierfür sensibilisiert das *Partizipatorische Eingewöhnungsmodell*. Forschungsergebnisse zeigen, dass die Eingewöhnung ein ganz besonders wichtiges Lebensereignis für das Kind und seine Eltern darstellt. Wird der erste Übergang als positiv und wenig stressig erlebt, werden die weiteren Übergänge deutlich besser bewältigt. Die gelingende Eingewöhnung hat das Potenzial, traumatische Erlebnisse aus vorherigen Transitionen zu lösen.

Sicherheit durch Bekanntes vermitteln

Im Aufnahmegespräch erfahren pädagogische Fachkräfte, was die neuen Kinder gerne spielen, woran sie Freude haben, wen sie bereits kennen, was sie interessiert und was ihre Highlights im Tagesablauf sind. Dieses Wissen hilft, Kinder spüren zu lassen: *Das kenne ich doch, hier ist gar nicht alles fremd!* Das trägt zum entspannten Ankommen bei. Im folgenden Beispiel nutzt Bezugserzieherin Lina ihr Wissen um Jonas Vorliebe für den Morgenkreis in der Krippe und macht ihm so den Start in den Kindergarten ein bisschen leichter.

Praxisbeispiel

So erlebte Mareike den Start ihres dreijährigen Sohnes Jonas in der Kita

Als ich mit Jonas am ersten Tag der Eingewöhnungszeit in den Kindergarten kam, setzte ich mich auf einen Stuhl am Rand des Geschehens. So hatte ich es im Eingewöhnungsleitfaden, der sich am Berliner Modell orientiert, gelesen. Jonas ließ sich auf einen kurzen Begrüßungsplausch mit Lina, seiner Bezugserzieherin, ein und setzte sich dann auf meinen Schoß und beobachtete das Geschehen. Nach meiner Einschätzung würde er dort den restlichen Vormittag verweilen.

Doch plötzlich stimmte eine der pädagogischen Fachkräfte ein Aufräumlied an. Jonas schien es aus der Krippe zu kennen. Er klatschte und summte mit. Die Kinder räumten ihre Sachen weg, nahmen sich einen Stuhl und formierten sich zu einem Sitzkreis. Offensichtlich realisierte Jonas, was hier jetzt gleich passieren würde: Der Morgenkreis! In der Krippe hat er ihn geliebt. Ich spürte, wie sich Jonas auf meinem Schoß aufrichtete und seine Aufmerksamkeit auf einen Hocker in unserer Nähe richtete. Zu meinem Erstaunen sprang er plötzlich auf, schnappte sich den Hocker, setzte sich in den Kreis, warf mir noch einen kurzen Blick zu und los ging es. Beim Begrüßungslied lächelte Jonas, als sein Name aufgerufen wurde, und winkte den Kindern zu. Die gesamte Zeit über war er konzentriert dabei. Bei jedem Spiel- oder Liedwechsel nahm er kurz mit mir Blickkontakt auf. Ich nickte ihm zu – das reichte ihm aus, um sich wieder der Kreissituation zu widmen.

Als die pädagogische Fachkraft am Ende des Kreises vorstellte, welche Spielmöglichkeiten den Kindern im Anschluss zur Verfügung stünden, meldete sich Jonas ganz selbstverständlich für den Turnraum und verschwand aus meinem Blickfeld. Nach etwa 45 Minuten kam er zurück, um mir zu berichten, dass es mit Lina und den Kindern schön war im Turnraum. Nun würde er im Garten spielen und dann nach Hause wollen. So machten wir das. Jonas verabschiedete sich von Lina und sagte zu, am nächsten Tag wieder zu kommen.

Jonas kennt sich schon aus

Jonas kannte das Aufräumlied als Ritual aus seiner Krippe, bevor der Morgenkreis beginnt. Dass er diese Struktur wiedererkannte, gab ihm so viel Halt, dass er seinen sicheren Hafen, die Mutter, verlassen konnte. Zudem weckte der Morgenkreis sein Interesse, weil er ihn in der Krippe mit positiven Emotionen verknüpft hat. Jonas hat eine positive Erfahrung in Bezug auf Autonomie und Selbstwirksamkeit gemacht. Seine Bezugserzieherin Lina und seine Mutter setzten Vertrauen in seine Kompetenzen. So konnte sich Jonas erfolgreich fühlen und frohen Mutes nach Hause gehen, wo er erst einmal drei Stunden Mittagsschlaf hielt. So ein Kindergartenstart kostet mindestens so viel Energie und Kraft, wie wenn Erwachsene ihren ersten Tag an einem neuen Arbeitsplatz verbringen.

Seine Mutter Mareike brauchte ebenfalls eine Pause. Den Übergang von der Krippe in den Kindergarten zu schaffen, bedeutet auch für Eltern eine Höchstleistung. Über zwei Jahre konnte sie sich auf Jonas Krippenerzieher:innen als wichtige Ansprechpartner:innen verlassen. Sie freuten sich mit ihr über jeden neuen Entwicklungsschritt und hatten bei Schwierigkeiten stets ein offenes Ohr. Mareike vermisst sie noch sehr. Langsam legt sich die Anspannung des Vormittags und Mareike kann zuversichtlich nach vorn schauen.

BEOBACHTUNG

In welcher Phase sind die Kinder im Übergangsprozess?

- Sind die neuen Kinder in Kontakt mit anderen Kindern?
- Zeigen sie ihre Gefühle?
- Zeigen sie Freude und Leichtigkeit beim Spiel?
- Holen sie sich bei Bedarf Unterstützung?
- Lassen sie sich trösten, wenn sie traurig sind oder sich verletzt haben?
- Essen und trinken sie in der Kita?
- Lassen sie Fürsorgehandeln zu, beispielsweise beim Wickeln oder Toilettengang?
- Zeigen sie Interesse an der Umgebung?
- Können sie sich entspannen, um einzuschlafen?

Praxisbeispiel

Cora und Wuffi starten in den Tag

Kita-Neuling Cora kommt morgens gegen 9.00 Uhr in die Kita. Sie bringt ihren Papa gemeinsam mit ihrem Plüschhund Wuffi zur Haustür und winkt ihm kurz nach. Zurück im Spielzimmer, liest sie Wuffi ihr Lieblingsbilderbuch von der kleinen Katze vor. Dann hört sie auch schon den Gong. Das bedeutet, dass jetzt gleich Kinderrunde ist. Sie findet immer auf dem großen runden Teppich statt. Schnell bringt sie das Buch ins Regal und setzt sich mit Wuffi auf den Teppich. Hier können alle Kinder warten, bis es losgeht.

Cora bewältigt morgens gleich mehrere sogenannte Mikrotransitionen – kleine Übergänge im Alltag. (vgl. Gutknecht/Kramer, 2018) Sie und ihr Papa haben ein festes Verabschiedungsritual. So fällt Cora die Ablösung leichter. Um sich in den Kita-Tag einzufädeln, hat Cora für sich eine gute Möglichkeit gefunden. Sie beschäftigt sich zunächst mit ihrem Übergangsobjekt und einem Bilderbuch. Das passt gut zu ihrer Persönlichkeit. Cora lässt es morgens gerne ruhiger angehen. Den Gong und seine Bedeutung hat sie bereits kennengelernt. Er gibt ihr Orientierung. Der runde Teppich dient ihr als Ankerplatz, auf dem sie abwartet, bis die Kinderrunde beginnt.

Übergänge bestimmen den Tag

Der Alltag in der Kita ist geprägt von Übergängen: vom Ankommen bis zum Freispiel über den Morgenkreis in den Frühstücksraum und dann geht es raus in den Garten. Um neuen Kindern Sicherheit zu vermitteln, muss die Gestaltung der kleinen Übergänge besondere Beachtung erfahren. Die Wechsel von Aktivitäten wie Spielen, Umziehen, Essen, Pflege, Schlafen sind, wie der Wechsel von Bezugspersonen und Räumen, für Kita-Neulinge besonders herausfordernd. In solchen Situationen kommt es oft zu Zusammenbrüchen. Mit Weinen und Schreien zeigen Kinder ihren Unmut. Sie wissen nicht, was los ist. Je jünger Kinder sind, umso stärker sind sie darauf angewiesen, dass Erwachsene sie darin unterstützen, zu erfahren, was als Nächstes kommt.

So gelingt die Übergangsgestaltung

Drei Zeitpunkte sind unter die Lupe zu nehmen: der Zeitraum vor, während und nach dem Übergang. Qualitätsvoll gestaltete Mikrotransitionen entscheiden, ob ein Tag für Kita-Neulinge anstrengend und schwierig oder entspannt und harmonisch ist. Eine großzügige Zeitplanung schützt vor Eile und stressfördernder Hektik. Kita-Neulingen fordern Veränderungen eine hohe Anpassungsleistung ab. Erleben sie Hilfestellung von zugewandten Fachkräften, verringert sich ihre Irritation. Verfolgt ein Team diese Aufgabenstellung konsequent, können neue

REFLEXION

Übergänge in unserer Kita

- Welche Übergangsstationen gibt es während des Tages?
- Welche Wege sind zwischen den Stationen zu bewältigen?
- Sind die Zuständigkeiten der Fachkräfte geklärt?
- Sind die Stationen didaktisch so vorbereitet, dass sie den ruhigen Ablauf fördern?
- Müssen alle Kinder die Stationen gleichzeitig durchlaufen, oder könnte eine Entzerrung helfen, Spannungen abzubauen?
- Zu welchen Zeiten ist ein Personalwechsel (Pausen, Arbeitsende) günstig bzw. ungünstig?

Kinder die Abläufe einfacher verinnerlichen. Somit wächst ihr Gefühl der Sicherheit. In der Folge entwickeln sie ihre Fähigkeiten in Selbstorganisation weiter. Schon bald werden sie sich als autonome Personen wahrnehmen, die in der Lage sind, ihren Alltag partizipativ zu managen. Je jünger Kinder sind, umso mehr Zeit nehmen die kleinen Mikrotransitionen im Alltag ein – ein guter Grund, ihrer Gestaltung große Aufmerksamkeit zu schenken.

Die Bedeutung von Ritualen im Übergangsprozess

Gut durchdachte Rituale machen den Alltag und die damit verbundenen Abläufe für Kinder im Eingewöhnungsprozess überschaubar. Rituale teilen den Tag in Teilstücke und wirken durch ihre Verlässlichkeit vertrauensbildend: Wenn das Kind weiß, was kommt, wächst daraus ein Gefühl von Sicherheit und Entspannung. Stress, Spannungen und Ängste reduzieren sich. Rituale geben allen Kindern Orientierung. Erstarren Rituale jedoch, kosten sie Kraft und verursachen Stress. Erschließt sich der Sinn eines Rituals nicht mehr, ist es Zeit, es zu hinterfragen. Dient ein Ritual nur noch seinem Selbstzweck, sollte es durch ein hilfreicheres, sinnvolles Ritual ersetzt werden. Maßgeblich ist immer die Frage, was Kinder brauchen und welches Bedürfnis durch das Ritual bedient wird.

So wird der Tagesablauf für Kita-Neulinge transparent

Akustische Signale kündigen Übergänge an. So können auch Kita-Neulinge leicht lernen, was von ihnen erwartet wird, und sie können sich darauf einstellen. Geeignet sind beispielsweise Glöckchen, Gong oder eine Klangschale.

In der Übergangssituation ist es wichtig, Kinder, die die Abläufe noch nicht verinnerlicht haben, proaktiv zu unterstützen. Sie benötigen eine direkte Ansprache. Handlungen sprachlich zu begleiten, hilft Kindern in die Eigenaktivität. Fotostrecken, die den Alltag nachvollziehbar werden lassen, unterstützen noch zusätzlich. Bekannte Ankerplätze, Räume und ein Ort für Persönliches lassen die Kita zu einem sicheren Ort werden.

Ablöseprozess gelungen – Eingewöhnung abgeschlossen?

Wenn Kinder sich eingewöhnt haben und sie ohne ihre Eltern oder andere Fürsorgepersonen gut in der Kita sein können, ist der Ablöseprozess gelungen. Der Eingewöhnungsprozess ist jedoch noch nicht abgeschlossen. Eine erhöhte Aufmerksamkeit der pädagogischen Fachkräfte ist weiterhin essentiell. Ihre Aufgabe ist es, ein stabiles Auffangnetz für das Kind zu knüpfen, damit es genügend Sicherheit gewinnt, um im Alltag Autonomie entwickeln zu können.

Praxisbeispiel

Jans Start in den Alltag

Der dreijährige Jan und seine Mutter Franka sind mit der Eingewöhnung sehr zufrieden. Jan sieht in seiner Erzieherin Anja eine verlässliche Bezugsperson. Er spielt mit anderen Kindern, sagt, wenn er Hunger oder Durst hat, und zeigt durch Rückzug, wenn er traurig ist. Ein gutes Zeichen! Franka ist zuversichtlich, dass Jan den Kita-Alltag nun gut bewältigt.

Franka ist alleinerziehend und berufstätig. Es ist in der Kita bekannt, dass Jan schon im Frühdienst kommen muss. Am ersten Tag hören sie ein kurzes *Guten Morgen!* aus der Küche. Die anwesende Fachkraft kocht Tee, auf dem Bauteppich spielen ein paar Kinder. Franka versucht, ihren Sohn in den Gruppenraum zu bringen. Jan klammert sich an ihr fest. Er kennt die Kinder und den Raum nicht. Seine Mama bittet die ihr unbekannte Fachkraft um Unterstützung und erhält die Antwort: *Das müssen Sie mit Jan schon allein hinbekommen, schließlich ist er fertig eingewöhnt. Er schafft das schon, lösen Sie sich von ihm und gehen Sie zur Arbeit.* Franka geht, obwohl es sich für sie nicht richtig anfühlt.

Franka versucht, Jan auf das morgendliche Ankommen vorzubereiten. Doch Jan verweigert sich jeden Tag stärker. Nur wenn Anja Frühdienst hat oder Jakob, den er aus der Eingewöhnungsphase kennt, ebenfalls da ist, geht alles glatt. Nun ist Franka verunsichert. Im Gespräch mit der Leiterin erfährt sie, dass es nicht vorgesehen ist, im Frühdienst Eltern bei der Übergabe des Kindes zu unterstützen. Schließlich sei die anwesende Fachkraft nicht Jans Bezugserzieherin.

Franka fühlt sich in der Situation unwohl, ist sie doch darauf angewiesen, Jan morgens pünktlich abzugeben. Sie spürt die Augen der Fachkraft auf sich und kommt sich als Mutter ungenügend vor. Dadurch ist sie jeden Morgen angespannt. Tagsüber bei der Arbeit sorgt sie sich um ihren Sohn. Er ist kein Kind, das laut und nachdrücklich auf sich aufmerksam macht. Er leidet eher still vor sich hin. Als sie ihre Sorgen in der Kita mitteilt, empfindet sie das Gespräch als nicht zielführend. Sie müsse loslassen und Jan müsse da halt durch. Franka fühlt sich in ihrem Anliegen nicht verstanden, ihr Vertrauen schwindet und sie zweifelt daran, ob Jan in der Kita gut aufgehoben ist.

Das Beispiel von Franka und Jan zeigt, dass die Kita stark auf einen Übergangsprozess setzt, der die 1:1-Beziehung zwischen Kind und Fachkraft in den Mittelpunkt stellt. Franka und Jan generieren ihr Sicherheitsgefühl ausschließlich über die Beziehung zur sympathischen Anja.

Es gelingt dem Team nicht, Franka und ihrem Sohn Sicherheit zu geben. Die Leiterin hätte die Dienste so einteilen können, dass Anja an Jans ersten Frühdiensttagen ebenfalls vor Ort ist. Jan hätte es leichter gehabt, die neuen Abläufe in ihrem Beisein zu bewältigen. Alternativ hätte Anja rechtzeitig Beziehungen von Mutter und Kind zu den anderen pädagogischen Fachkräften über Alltagsbegegnungen anbahnen können. Anja hätte Jan und seine Mutter im Vorfeld mit dem Ablauf des Frühdienstes und mit dem Raum vertraut machen müssen. Diese Form der Vorbereitung hätte es Jan erleichtern können, sich auf seinen ersten Frühdienst einzulassen. Verbindlichkeiten einzuhalten, gerade im Hinblick auf das Aufnahmegespräch, vermittelt Eltern Wertschätzung und gibt ihnen das Gefühl, willkommen zu sein.

BEOBACHTUNG

Wie weit sind die Eltern im Übergangsprozess?

- Sind die neuen Eltern in Kontakt mit anderen Familien?
- Stellen sie Fragen?
- Teilen sie sich mit?
- Sprechen sie über ihre neue Situation?
- Geben sie Rückmeldungen zu ihrem Kind?
- Äußern sie Wünsche und Bedürfnisse?
- Kommen sie gerne in die Kita?
- Zeigen sie Freude darüber, wenn es ihrem Kind in der Kita gut geht?
- Holen sie sich bei Bedarf Unterstützung?
- Können sie sich in der Abschiedssituation lösen?

REFLEXION

Die Moderation des Übergangsprozesses

- **Ich-Ebene:** Wie ist unsere Haltung im Hinblick auf die Kooperation mit Eltern? Nehmen wir das Bedürfnis der Eltern ernst, ihr Kind in gute Hände abgeben zu wollen? Wollen wir wissen, wie es ihnen geht und was sie brauchen?
- **Wir-Ebene:** Hat der Beziehungsaufbau zu:r sogenannte:n Bezugserzieher:in oberste Priorität oder spielen weitere Pädagog:innen eine Rolle? Welche zusätzlichen Faktoren sind wichtig? Welche Rolle übernimmt das Team im Hinblick auf die Beziehungspflege? Gibt es Überlegungen, Kinder mit gleichen oder ähnlichen Interessen in Kontakt zu bringen?
- **RaumBildungs-Ebene:** Wie wichtig ist es für ein neues Kind, die Räume zu kennen und sich dort orientieren zu können? Was können wir tun, damit unsere Räume Halt und Sicherheit geben?
- **Organisation:** Wie können wir unsere Abläufe so organisieren, dass sie bei Eltern und Kind positive statt negative Emotionen auslösen? Wie schaffen wir einen verlässlichen Rahmen?

Die Kooperation mit den *Familien*

Familie und Kita – zwei Lebenswelten verbinden sich

Für jedes Kind ist seine Familie am wichtigsten, sie ist die individuelle Lebensrealität. Der Eintritt in die Kita bedeutet, das Erfahrungsspektrum zu erweitern. Für Kinder und ihre Familien sowie für die Kita-Gemeinschaft kann das ein enormer Zugewinn sein.

Die Familie hat den größten Einfluss auf die frühkindliche Entwicklung. Krippe und Kita kommen als zweite Lebenswelt hinzu, eine zukunftsweisende Aufgabe für alle Beteiligten. Gut, wenn pädagogische Fachkräfte und Eltern an einem Strang ziehen. Gegenseitiges Verständnis für unterschiedliche Positionen ist hilfreich.

Wie sich die Zusammenarbeit gestaltet, ist stark abhängig von folgenden Faktoren: der Haltung der pädagogischen Fachkraft, der Persönlichkeit des Kindes und seiner Familienmitglieder, der Kooperation innerhalb des Teams, der Gestaltung der Räume und der vom Team als sinnvoll erachteten Organisationsstrukturen.

Sind Familien neu in der Kita, lernen sie im Übergangsprozess Unterschiede zwischen der familiären und der institutionellen Lebenswelt kennen. Die eine Seite kann die andere nicht ersetzen. Bestenfalls ergänzen sich beide Lebenswelten zum Vorteil des Kindes. Kinder sind konfrontiert mit unterschiedlichen Regeln, Haltungen, Normen, Werten, Erwartungen, Erziehungsstilen und -zielen. In der Regel gelingt es Kindern, sich in den unterschiedlichen Lebenswelten zurechtzufinden. Auch für die Erwachsenen hält die Lebenswelt Kita einige Aha-Momente bereit.

Lebenswelt Kita versus Lebenswelt Familie

1. Kindertageseinrichtungen wirken auf Kinder sehr groß. Es gibt viele Räume und Spielmaterialien drinnen und draußen. Sich zu orientieren, die Strukturen und Regeln zu erkennen, ist für jedes Kind eine Herausforderung. Neben dem Lärmpegel muss es weitere vielfältige Reize verarbeiten. Die Familienwohnung ist übersichtlicher, kleiner und für das Kind leichter zu erfassen.
2. In der Kita sind pädagogische Fachkräfte nicht nur für ein Kind zuständig. Sie teilen ihre Aufmerksamkeit, Zuwendung, Zeit und Energie auf mehrere Kinder auf. Für Eltern stehen die eigenen Kinder im Mittelpunkt.
3. In der Kita finden Kinder vielfältige Lern- und Bildungsanlässe. Die vorbereitete Umgebung ist auf kindliche Bedürfnisse ausgerichtet, die Familienwohnung hingegen auf die Bedürfnisse aller Familienmitglieder.
4. Die Kita ist eine öffentliche Institution mit verbindlichen Öffnungszeiten. Familie ist Privatangelegenheit. Eltern passen ihren Tagesablauf an ihre Berufs- und Lebenssituation an. Sie sind in ihrem Zeitmanagement flexibler.
5. Wenn die Lebenswelten nicht kompatibel sind, weil ein Kind möglicherweise zu Hause eine Kindeswohlgefährdung erlebt, sind pädagogische Fachkräfte verpflichtet, den gesetzlichen Vorgaben Folge zu leisten.

Eltern im Transitionsprozess

Eltern stehen mit unterschiedlichen Vorstellungen, Erwartungen, Wünschen, Ängsten und Vorbehalten vor der Kita-Tür. Voller Anspannung, Aufregung und Unsicherheit treten sie in ein unbekanntes Universum ein. Vermutlich gehen ihnen Fragen und Gedanken durch den Kopf: *Ist das die richtige Kita für unser Kind? Worauf lassen wir uns als Familie ein? Wie wird es meinem Kind ergehen? Werden die Erzieher:innen mein Kind gernhaben und es gut behandeln? Wird mein Kind sich wohlfühlen oder wird es den ganzen Tag auf mich warten? Wie wird es mit der Kooperation der Erwachsenen klappen? Werden wir erfahren, wie unser Kind den Tag verbringt? Sind die Erzieher:innen ehrlich zu uns? Hoffentlich geht alles gut!*

Auch Eltern haben im Prozess des Übergangs Entwicklungsaufgaben zu bewältigen. Im Transitionsprozess können sie vieles über sich und ihr Kind, die Kita und das Leben in gesellschaftlichen Zusammenhängen lernen. Das Beispiel von der alleinerziehenden Miriam und ihrer Tochter Lotta möchte dies verdeutlichen.

ELTERN

Was Eltern wissen wollen

- Freut sich mein Kind, in der Kita zu sein? Wenn ja, was macht ihm Spaß?
- Was spielt mein Kind in der Kita gerne?
- Zu welchen Kindern fühlt sich mein Kind hingezogen?
- Gibt es ein Kind, zu dem mein Kind besonders engen Kontakt hat?
- Gibt es Kinder, vor denen mein Kind Angst hat? Wenn ja, warum?
- Was macht mein Kind nach dem Abschiedsritual?
- Was fällt meinem Kind in der Kita leicht?
- Was fällt meinem Kind in der Kita schwer?

Miriams Übergangsprozess

Auf der persönlichen Ebene
Miriam will, dass sie von den pädagogischen Fachkräften in der Kita als kompetente Mutter wahrgenommen wird, obwohl sie noch sehr jung ist. Eigentlich hält sie sich eher für eine unsichere Mutter, die sich häufig überfordert fühlt. Außenstehende sagen immer, sie sei eine tolle Mutter. Nun gilt es, ihr Selbstbild als Mutter eines Kita-Kindes zu finden. Miriam liebt ihre Tochter und hat mit starken Gefühlen zu kämpfen.

Miriam spürt ein starkes Verantwortungsgefühl dafür, dass es Lotta gelingt, sich gut einzugewöhnen. Sie beobachtet andere Kinder. Es fällt ihr schwer, nicht zu vergleichen und sich nicht zu wünschen, Lotta wäre wie Leo. Er konnte sich leicht lösen und ist schon nach einer Woche freudig ohne Mama in der Kita geblieben. Miriam ist im Konflikt zwischen Festhalten und Loslassen. Sie fragt sich, ob es an ihr liegt, dass Lotta erst in der vierten Eingewöhnungswoche bereit ist, sie zu verabschieden. Lächelnd steht sie am Winkefenster und schickt Mama eine Kusshand.

Miriam lächelt zurück und muss sich schnell abwenden, bevor die Gefühlswelle sie erfasst. Bislang war sie Tag und Nacht mit ihrer Tochter zusammen. Sie hat alle ihre Bedürfnisse erfüllt und war immer für sie da. Nun realisiert sie, dass der Kita-Besuch bedeutet, Kontrolle über das Wohlergehen von Lotta für einen Teil des Tages an die Kita zu übergeben. Das fällt ihr schwer und sie sitzt meistens noch eine Weile weinend im Auto.

Auf der Beziehungs- und sozialen Ebene
Miriam spürt, dass es Lottas Bezugserzieherin wichtig ist, dass sich nicht nur Lotta wohlfühlt, sondern auch sie. Sie nimmt sich Zeit für Gespräche und beantwortet geduldig Miriams Fragen. Miriam fühlt sich mit ihren Anliegen verstanden und ernst genommen, dies gibt ihr Sicherheit. Lottas Bezugserzieherin stellt den Kontakt zu anderen neuen Kita-Familien her. Leos Mama ist auch dabei. Die kurzen Gespräche bei den Treffen im Eltern-Café helfen Miriam zu spüren, dass sie nicht die Einzige ist, der der neue Lebensabschnitt zu schaffen macht. Auch Leos Mama kämpft mit den Tränen. Sie kann es nicht fassen, dass er so schnell eigene Wege geht.

Langsam entwickelt Miriam ein Zugehörigkeitsgefühl zur Kita-Gemeinschaft. Die pädagogischen Fachkräfte und andere Eltern nehmen sie freundlich auf. Miriam vertraut den Menschen, mit denen Lotta jetzt einen Teil ihres Tages verbringt. Sie ist sich sicher, dass sie erfährt, wenn es Komplikationen gibt. Bis dahin geht sie davon aus, dass für Lotta die Welt in Ordnung ist. Mit Leos Mama trifft sie sich im Fitnessstudio. Hier verarbeiten sie gemeinsam die Tatsache, dass es keineswegs nur ein Verlust ist, einen Teil des Tages selbstbestimmt zu gestalten. Miriam ist zuversichtlich, dass sie sich zum neuen Semester an der Uni einschreiben wird.

Auf der Ebene der Lebensbereiche
Miriam muss sich in ihrer Lebensgestaltung auf einen neuen Tages-, Wochen- und Jahresablauf einstellen und von nun an drei Lebensbereiche berücksichtigen: Familie, Kita und Studium. Sie muss ihren Vorlesungsplan auf die Öffnungszeiten der Kita abstimmen. Sie trifft sich mit anderen Eltern, um sich zu vernetzen, so sind gegenseitige Babysitterdienste einfacher zu organisieren. Zudem holt sie Lottas Großeltern ins Boot – für Notfälle, wenn Lotta krank ist und sie eine Klausurenphase hat. Die regelmäßige Kommunikation mit der Kita ist Miriam wichtig. Sie empfindet den Austausch mit den pädagogischen Fachkräften als hilfreich. Er erweitert ihre eigene Sicht auf Lotta und deren Stärken und Persönlichkeitsmerkmale. Außerdem bahnt sich eine weitere Veränderung an. Miriam hat jemanden kennengelernt, mit dem sie sich eine dauerhafte Beziehung vorstellen könnte. Das Leben ist eben in ständiger Veränderung und verlangt immer wieder neue Anpassungsleistungen.

Eltern vorurteilsbewusst unterstützen

Eine frühe außerfamiliäre Betreuung geht oft mit Gewissensbissen und Schuldgefühlen einher. Gerade bei der Anmeldung in der Krippe ist nicht immer von Freiwilligkeit auszugehen. Oft genug spielt die persönliche Situation der Eltern eine Rolle. Da entsteht Druck und häufig auch Trauer. Das kostbarste und wichtigste Wesen auf der Welt fremdbetreuen zu lassen, ist emotional herausfordernd. Darüber sollten sich pädagogische Fachkräfte im Klaren sein und sich in vorurteilsbewusstem Verhalten üben. Eltern brauchen Unterstützung und nicht den Stempel *Rabeneltern.* Passiert dies trotzdem, sollte sich die pädagogische Fachkraft mit ihren persönlichen Werten und ihrer professionellen Haltung auseinandersetzen. Eltern haben Anspruch auf die Beantwortung ihrer Fragen und auf Transparenz, den Übergangsprozess betreffend. Je klarer die Absprachen, umso besser gelingt ein an den Bedürfnissen der Familie orientierter, sanfter Übergang.

Wenn Spannungen entstehen

Beide Seiten – Eltern und pädagogische Fachkräfte – wollen, dass der Übergang gelingt. Trotzdem entstehen oft unterschwellige Spannungen. Begründet sind sie in unausgesprochenen Fragen von Eltern wie: *Nimmt die Erzieherin in der Kita meinen Platz als Mama ein? Hat mich mein Kind noch immer am liebsten? Setze ich die gute Eltern-Kind-Bindung mit der Anmeldung in einer Kinderkrippe aufs Spiel?*

Wenn sich pädagogische Fachkräfte nicht bewusst mit ihrer Rolle auseinandersetzen, können sie unbewusst mit Eltern in Konkurrenz treten. Sie vermitteln dann womöglich die Botschaft, sie seien das Beste für das Kind. Das ist eine denkbar schlechte Ausgangsbasis, die zu Konflikten führt. Hier ist eine Rollenklärung unbedingt erforderlich. Eltern oder auch andere Fürsorgepersonen sind die primären Bindungspersonen. Der fachliche Auftrag der Kita ist es, über tragfähige Beziehungen, anregungsreiche Räume und transparente Strukturen dafür zu sorgen, dass es dem Kind nach dem Ablöseprozess in der Kita gut geht.

Erziehungspartnerschaft?

In den Bildungsplänen der Länder ist der Begriff „Erziehungspartnerschaft" geläufig. Doch ist „Kooperation mit Eltern" die passendere Bezeichnung: Gehen wir eine Partnerschaft ein, ist das freiwillig. Das ist in der Kita nicht der Fall. Als pädagogische Fachkraft haben wir eine Dienstverpflichtung und werden für die Arbeit mit den Kindern bezahlt. Nicht alle Eltern sind an einer Partnerschaft mit der pädagogischen Fachkraft ihres Kindes interessiert. Ihnen reicht der Austausch und sie verlassen sich auf die kompetente Fachkraft – sei es aus Zeitgründen oder weil ihnen das Verhältnis sonst zu eng ist oder nicht ihrer Kultur entspricht. Das hat nichts mit Desinteresse zu tun, es offenbart lediglich unterschiedliche Haltungen und Erwartungen.

Pädagogische Fachkräfte sind Expert:innen – Eltern ebenso

Pädagogische Fachkräfte:

- Fachwissen
- Beratungskompetenz
- Entwicklungsbegleiter: in
- Sichere Tagesstruktur
- Gezielte Beobachtung
- Werte
- Arbeit im Team
- Gesteuerte Bildungsprozesse
- Fortbildung
- Emotionale Distanz
- Vernetzung
- Qualifizierte Ausbildung
- Persönliche Kompetenzen
- Schutzauftrag

Eltern:

- Eigene Vorstellungen
- Experten für das eigene Kind
- Enge Bindung zum Kind
- Verantwortung
- Regeln
- Werte
- Vertrauen
- Wissen über das Kind
- Anerkennung
- Ziele für das Kind
- Berufliche und persönliche Kompetenz
- Elternrecht
- Kulturelle Kompetenz

TIPP

Wenn Eltern Bitten, Wünsche, Forderungen haben

Eltern richten sich mit vielfältigen Anliegen an pädagogische Fachkräfte. Manches ist machbar, anderes widerspricht jedoch der konzeptionellen Ausrichtung einer Kita. Es ist gut, wenn Kita-Teams eine klare und gemeinsam getragene Haltung entwickelt haben. Diese zeigt sich zum Beispiel in folgenden (konzeptionellen) Aussagen:

- *In unserer Kita gibt es eine Rangfolge der Anliegen. Für uns stehen die Kinderbedürfnisse an erster Stelle, die Elternbedürfnisse folgen danach. Zusammen mit Ihnen können wir nach Lösungen suchen.*
- *Nicht die Kinder passen sich in eine fest vorgegebene Struktur ein, sondern wir passen die Strukturen an die Bedürfnisse der Kinder an – beim Essen, beim Mittagsschlaf, beim Ruhe- und Bewegungsbedarf.*

Herzlich willkommen bei uns!

Ein besonderes Augenmerk sollten pädagogische Fachkräfte auf den ersten Kontakt legen. Wenn Eltern mit ihrem Kind die Kita betreten, spüren sie, ohne dass ein Wort gesprochen wurde, ob sie sich hier wohlfühlen können. Sie nehmen die Atmosphäre wahr. Es gibt keine zweite Chance für den ersten Eindruck!

Der erste Eindruck entscheidet

Legen Sie daher Wert auf einen einladend gestalteten Eingangsbereich. Seien Sie als Fachkraft absolut präsent, sorgen Sie für einen freundlichen Empfang der Familie. Gehen Sie auf Augenhöhe und begrüßen Sie das Kind zuerst. Lassen Sie sich und dem Kind Zeit. Begrüßen Sie dann die Eltern, stellen Sie sich vor und sprechen Sie die Familie mit Namen an. Zeigen Sie das Haus, verweilen Sie dort, wo es dem Kind gefällt, beantworten Sie erste Fragen, erzählen Sie ein wenig von sich. Geben Sie die vorbereitete Infomappe der Kita mit nach Hause und vereinbaren Sie einen Termin für das Aufnahmegespräch. Erklären Sie kurz, worüber Sie sprechen werden, das nimmt den Eltern die Anspannung und gibt ihnen die Chance, sich vorzubereiten. Ermuntern Sie die Eltern, im Vorfeld Fragen zu sammeln. Signalisieren Sie Offenheit und Normalität.

Ob dieser Erstkontakt individuell vereinbart wird oder im Rahmen einer öffentlichen Kita-Führung für interessierte Familien stattfindet, ist abhängig von der Organisation des Trägers und der Kita. Um in eine gute Kooperationsbeziehung zu finden, braucht es Zeit. Eltern haben einen Anspruch auf ausreichende Informationen zum Umgang mit den Kindern, zum Ablauf und Alltag in der Kita, zur Konzeption, zur Zusammenarbeit mit Familien und zum pädagogischen Grundgedanken. Das ist wichtig, denn Wissenslücken schaffen Raum für Interpretationen und sind Türöffner für Missverständnisse.

Schritt für Schritt zum Beziehungsaufbau

Beim ersten Treffen geht es vor allem darum, Kontakt herzustellen. Wenn dies gelingt, Eltern mit ihrem Kind das Haus lächelnd verlassen und sich auf ein Wiedersehen freuen, ist ein grundlegender Schritt der Übergangsgestaltung gelungen.

Die meisten Eltern sind daran interessiert, möglichst viel über die zukünftige Kita ihres Kindes zu erfahren. Eine persönlich überreichte Willkommensmappe ist für Eltern beziehungsstiftender, als sich Informationen aus dem Internet zu besorgen. Mit einem individuellen Willkommensbrief können Sie Kinder und ihre Familie auf die neue Lebensphase einstimmen.

TIPP

Das kommt in die Willkommensmappe

- Begrüßungsbriefe für das Kind und seine Eltern
- Teamvorstellung
- Tagesablauf in Schriftform und als Fotostrecke
- Bildungsschwerpunkte in den unterschiedlichen Altersgruppen
- Informationen zur Übergangsgestaltung und Eingewöhnungszeit
- Sicherheit und Aufsichtspflicht
- Jahres-Terminübersicht
- Begrüßungsbrief des Elternbeirats
- Adressenliste des Elternbeirats
- Diverse relevante Broschüren und Einverständniserklärungen
- Bildungs- und Erziehungsplan des jeweiligen Bundeslandes

Der erste Elternabend – Methoden zum Beziehungsaufbau

Wenn Eltern ihr Kind in eine Kita geben, möchten sie sicher sein, dass es ihrem Kind dort gut geht. Gerade zu Beginn sind eine gute Kommunikation und Kontaktpflege wichtig. Geben Sie Eltern die Gelegenheit, die zukünftige Kita ihres Kindes frühzeitig kennenzulernen und die pädagogischen Fachkräfte zu erleben. Geeignet sind Tage der offenen Tür, Kita-Führungen, Infoabende oder Eltern-Kind-Aktionen. Helfen Sie Eltern aus der Anonymität, bahnen Sie ihnen den Weg in die Kita-Gemeinschaft. Netzwerken Sie, damit sich Eltern untereinander kennenlernen.

Eine gute Maßnahme, die Vertrauen schafft, und das Gefühl, fremd zu sein, vertreibt, sind Elternabende oder Eltern-Kind-Nachmittage für neue Familien. Diese Termine stehen im Zeichen des gegenseitigen Kennenlernens. Die Eltern kommen bereits vor der Übergangszeit der Kinder in Kontakt – und vielleicht entsteht so schon der eine oder andere gemeinsame Spielplatzbesuch.

Erstes Kennenlernen in lockerer Runde

Starten Sie in den Elternabend mit einem Willkommensplakat am Eingang, auf dem Sie alle Familien namentlich begrüßen. Die Eltern können so direkt sehen, ob Bekannte dabei sind und ihr Kind vielleicht schon jemanden kennt. Bei einer persönlichen Begrüßung stoßen alle mit einem Willkommensgetränk (alkoholfreier Sekt, Orangensaft, Apfelschorle) auf die kommende Kindergartenzeit an. Die Eltern fühlen sich dadurch wahrgenommen und in den Abend hineingeleitet, ein Glas zum Dranfesthalten gibt Sicherheit. Das gemeinsame Anstoßen macht aus den Einzelnen eine Gruppe. Alle haben das gleiche Anliegen: eine schöne Kita-Zeit für die Kinder und die Eltern!

TIPP

Zeitmanagement

Es ist vorteilhaft, wenn bereits am ersten Elternabend das Thema *Schließzeiten* besprochen wird, mit der Aufforderung, sich zu vernetzen und gegenseitig auszuhelfen. Meist kommen Eltern dann eigeninitiativ auf die Idee, ihre Kontaktdaten auszutauschen.

Das Karussellgespräch

Die Hälfte der Anwesenden bildet einen Innenkreis, die andere Hälfte einen Außenkreis. Die Personen stehen sich gegenüber und tauschen sich zu bestimmten Themen aus, zum Beispiel: *Warum besucht mein Kind diese Kita?* oder *Worauf freue ich mich besonders, wenn mein Kind die Kita besucht?* oder *Das bereitet mir etwas Sorge, wenn ich an die ersten Tage in der Kita denke.* Erklingt ein Signal, gehen die Personen im Außenkreis einen Schritt weiter nach rechts zur nächsten Person im Innenkreis. Der häufige Wechsel bringt verschiedene Personen miteinander ins Gespräch. Diese Gesprächssituation senkt die Hemmschwelle bei Menschen, die nicht gerne in Gruppen sprechen, und erleichtert den Austausch.

Das eigene Kind vorstellen

Die Eltern bringen ein Foto ihres Kindes mit und gestalten daraus ein Plakat in DIN-A4-Größe. Ganz oben wird das Foto aufgeklebt und darunter vertikal der Vorname des Kindes geschrieben. Die Eltern versehen jeden Buchstaben mit einer Eigenschaft ihres Kindes. Ideal ist, wenn das Personal ein solches Plakat von sich vorbereitet hat und es ausstellt. Das hat den Vorteil, dass Eltern sich von diesen Beispielen inspirieren lassen und gleichzeitig Informationen über das Team erhalten können. Im Anschluss stellt jede Familie ihr Kind vor. Die Stellwand mit den Plakaten ist im Eingangsbereich ein echter Hingucker für alle Kinder und Erwachsenen. Die Neuen erhalten ein individuelles Gesicht und sind keine anonyme Gruppe mehr.

Beispiel:
Interessiert
Naturverbunden
Energiegeladen
Schlau

Die bewegte Vorstellungsrunde

Alle Anwesenden bilden einen Kreis. Die Teilnehmer:innen verbinden den ersten Buchstaben ihres Vornamens mit einer Bewegung, zum Beispiel: Christine cremt sich ein, Alfred angelt, Thomas tanzt, Hanna hüpft, Julius jubelt. Dann sagen die Teilnehmer reihum ihren Namen und machen die Bewegung dazu. Alle anderen wiederholen den Namen und machen ebenfalls die Bewegung dazu. Alle Namen und Bewegungen werden wiederholt, wenn sich die nächste Person vorstellt. Die Bewegung hilft, sich die Namen besser zu merken. Spätestens am Ende der Runde sind alle aktiv und gut gelaunt. Begegnen sich Hanna und Julius später im Flur der Kita, ist eine realistische Chance vorhanden, dass sie sich noch an die jeweiligen Namen erinnern. Übrigens: Das Spiel eignet sich auch, um die pädagogische Botschaft zu transportieren, dass Kinder in Bewegung und mit allen Sinnen lernen.

Aufstellen und Sortieren

Die Gruppe sortiert sich nach unterschiedlichen Aspekten, zum Beispiel der Familienkonstellation: ein Kind, mehrere Geschwister, alleinerziehend … Die Eltern erhalten auf diese Weise einen ersten Überblick, wer sich in einer ähnlichen Lebenssituation befindet, in der Nähe wohnt, dieselbe Sprache spricht – und sie können so gezielt Kontakt aufnehmen. Hierfür eignen sich folgende Fragen:

- Wer bringt sein erstes Kind in diese Kita – wer bereits das zweite oder dritte Kind?
- Wer wohnt in welchen Orts- oder Stadtteilen?
- Wer hat schon Erfahrungen mit Krippe, Kita oder Tagesmutter?
- Welche Familien sind zugezogen, welche wohnen schon immer im Ort?
- Welche Kinder wachsen mehrsprachig auf?
- Wie ist unsere Familienkonstellation?

Das Kurzinterview

Zufällig bilden sich Gesprächspaare (z. B. über Memokärtchen), die sich kurz über ihre Familien austauschen. Eine schöne Einstiegsfrage ist: *Wie ist Ihr Kind zu seinem Namen gekommen?*

Das Aufnahmegespräch

Im Aufnahmegespräch geht es auch um Daten und Fakten: Name des Kindes, Geburtsdatum, Datum des Aufnahmegesprächs, anwesende Erziehungsberechtigte, beteiligte Fachkräfte, erster Kita-Tag, die Begleitperson während der Eingewöhnungsphase, Einverständniserklärungen, die unterschrieben werden wollen. Der Beziehungsaufbau ist dennoch oberstes Ziel. Es geht primär nicht darum, Fragebögen abzuarbeiten. Das gemeinsame Kennenlernen steht im Mittelpunkt. Gehen Sie daher ruhig in Vorleistung und erzählen Sie von sich, zum Beispiel, weshalb Sie gerade in dieser Kita arbeiten und was Sie an Ihrem Beruf besonders schätzen.

Die Eltern erzählen von ihrem Kind

Anschließend erzählen die Eltern von ihrem Kind: Persönlichkeit, Spielinteressen, Stärken, wichtige Personen für das Kind, was es mag, wovor es Angst hat. Bitten Sie die Eltern, etwas mitzubringen, das für ihr Kind bedeutsam ist. Dies kann ein Kuscheltier, ein Spielzeug oder ein Alltagsgegenstand sein – und ist ein kleiner Türöffner, um mit Eltern ins Gespräch zu finden. Auch bei einem Gespräch über Fotos von zu Hause, von Haustieren oder Großeltern freuen sich Eltern über Ihr Interesse. Geben Sie Eltern ausreichend Raum, ins Erzählen zu kommen. Fragen Sie sie beispielsweise, wie ihr Kind zu seinem Namen gekommen ist und welche Bedeutung er hat. Bei solchen Fragen können Sie interessante Geschichten erfahren.

TIPP

Vorbereitung des Raumes für ein Elterngespräch

Der Gesprächsraum sollte aufgeräumt, gelüftet und angenehm beleuchtet sein. Einladend wirkt ein Raum, wenn ein frischer Blumenstrauß auf dem Tisch steht und sich auf einem Tablett Getränke, Tassen und Gläser befinden. Achten Sie zudem auf einen geordneten Kita-Eingangsbereich. Bereiten Sie den künftigen Garderobenplatz des Kindes vor und richten Sie zudem das Elternfach ein.

Wie ist der Tagesablauf zu Hause?

Um Kindern zu ermöglichen, sich in der neuen Lebenswelt Kita wohlzufühlen, braucht es den Austausch und die Zusammenarbeit der Eltern und der pädagogischen Fachkraft. Ein wichtiges Thema ist die Tagesstruktur zu Hause und in welcher Weise die Kita bedürfnisorientiert anknüpfen kann. Eltern sind im häuslichen Umfeld die Expert:innen für ihr Kind, sie wissen genau, wie sie die Bedürfnisse ihres Kindes angemessen erfüllen können.

Der individuelle Rhythmus

Es ist vorteilhaft, bereits im Aufnahmegespräch zu erfahren, dass Carolina häufiger eine kleine Zwischenmahlzeit braucht. Drei Hauptmahlzeiten am Tag reichen ihr nicht, da sie sehr kleine Portionen bevorzugt. Die Eltern berichten, dass Carolina ihr Hungergefühl noch nicht benennen kann. Sie fühlt sich unwohl und ist weinerlich. Gut zu wissen! So kann die Fachkraft Carolinas Verhalten einordnen und ihr etwas zu essen anbieten. Im Austausch erfährt die Fachkraft, dass Carolina in solchen Situationen am liebsten eine

Reiswaffel oder Apfelstücke mag. So kann sie entsprechend agieren und Carolinas Vertrauen in ihre neue Lebensumwelt stärken.

Generell gilt: Nicht das Kind hat sich in die bestehenden Strukturen der Kita einzufügen, sondern die Kita hat den Auftrag, ihre Strukturen so flexibel zu halten, dass es möglich ist, sie dem jeweiligen Kind anzupassen. In diesem Zusammenhang sind Informationen über Ess- und Trinkbesonderheiten, Schlafgewohnheiten, Schnuller, Übergangsobjekte, Allergien, Erkrankungen und Entwicklungsbesonderheiten wichtig.

Thema: Übergangsphase

Besprechen Sie mit den Eltern detailliert die Übergangsgestaltung und wie diese in Ihrem Konzept festgehalten ist. Erläutern Sie den Ablauf und die Bedeutung des gelingenden Übergangs. Klären Sie Erwartungen und die Rolle der Bezugspersonen im Übergangsprozess. Geben Sie den Eltern auch eine Liste mit Dingen, die sie mit in die Kita bringen müssen. In der Praxis haben sich Informationen zu folgenden Themen für Eltern als hilfreich erwiesen.

Wie ist die Zeitplanung?

Zeitdruck kann bei den Eltern großen Stress auslösen. Entspannte Eltern machen es ihren Kindern leichter. Wenn möglich, sollte die Aufnahme des Kindes schon zwei Monate vor dem erneuten Berufsstart liegen. Nicht immer verläuft alles nach Wunsch und den eigenen Vorstellungen. Eltern sollten immer einen Plan B in der Tasche haben, falls ihre Anwesenheit länger als gedacht erforderlich sein sollte. In manchen Fällen ist es sinnvoll, mehrere zeitliche Zwischenschritte einzulegen, bis der gewünschte Betreuungsumfang erreicht ist.

Die Eingewöhnungsphase des Kindes sollte nicht durch Schließzeiten der Kita oder einen Familienurlaub unterbrochen werden. Krankheitstage müssen jedoch einkalkuliert werden. Erfahrungsgemäß braucht es eine Zeit, bis das kindliche Immunsystem gewisse Abwehrkräfte entwickelt hat. In der ersten Zeit des Kita-Besuchs ist deshalb mit häufigen Infekten zu rechnen. Spätestens dann ist es ein großer Vorteil, wenn Familien eine gewisse Vorsorge getroffen haben, wie sie die Betreuungszeiten ihres kranken Kindes organisieren.

Um Überforderungen bei Kindern zu vermeiden, sollte die Eingewöhnung nicht zeitgleich mit weiteren Veränderungen wie einem Umzug, der Trennung der Eltern, dem Tod des geliebten Opas oder der Geburt eines Geschwisterkindes erfolgen.

Wer kommt mit dem Kind in die Kita?

Viele Familien gehen davon aus, dass die Mutter den Part der Eingewöhnung übernimmt. Aber auch der Vater oder andere Fürsorgepersonen kommen infrage. Besonders gelassen in Übergängen zeigen sich in der Praxis Großväter. Diese Sichtweise zu eröffnen, kann hilfreich sein, wenn die Mutter von sich weiß, dass ihr der Loslösungsprozess schwerfallen wird.

Wie kann das Kind auf die Trennungssituation vorbereitet werden?

Großeltern, Nachbarn oder Freunde können dabei unterstützen, für das Kind Trennungssituationen erleb- und erfahrbar zu machen, indem sie über einen kurzen Zeitraum die Betreuung übernehmen. So können sich Kinder frühzeitig an andere Personen gewöhnen. Hier sollte der Hinweis nicht fehlen, Zeiten auszuwählen, in denen das Kind ausgeschlafen und explorationsfreudig ist. Gleichzeitig üben sich Eltern darin, ihr Kind für einen bestimmten Zeitraum freizugeben und sich langsam, sanft und liebevoll von ihm zu lösen.

Hat das Kind bereits Trennungen erfahren, ist es dennoch wichtig, dass eine Bezugsperson über einen längeren Zeitraum anwesend ist. Die Kita ist für ein neues Kind zunächst wie ein unbekanntes Land mit fremder Sprache – es benötigt jemanden, der übersetzen kann, bis die pädagogischen Fachkräfte die Sprache des Kindes gelernt haben und seine Bedürfnisse erfüllen können. Erst dann beginnt ein vertrauensvoller Beziehungsaufbau.

Gibt es einen Übergangsbegleiter aus Plüsch?

Für alle Fälle: Falls ein Kind bislang kein Lieblingskuscheltier oder Ähnliches hatte, macht es Sinn, zu Hause einen Begleiter für das Kind einzuführen. Zukünftig geht der Esel, die Katze, das Schmusetuch oder das Kuschelkissen überall mit hin, wenn die Familie das Haus verlässt. Das vertraute Übergangsobjekt hat dann gute Chancen, in der Kita die Rolle des Seelentrösters zu übernehmen.

TIPP

Fragen, die Eltern im Hinblick auf die Eingewohnungszeit interessieren könnten:

- Darf mein Kind sein Kuscheltier und seinen Schnuller mitbringen?
- Was passiert, wenn mein Kind seinen Schnuller oder sein wichtiges Kuscheltier verliert?
- Darf ich mit meinem Kind spielen oder schaue ich nur zu?
- Was mache ich, wenn andere Kinder mit mir spielen wollen?
- Wie lange darf ich bei meinem Kind bleiben?
- Woran merke ich, dass es ein guter Zeitpunkt ist, zu gehen?
- Wie und wann verabschiede ich mich am besten?
- Wer tröstet mein Kind, wenn es traurig ist?
- Was soll ich tun, wenn ich mein Kind durch den ganzen Flur weinen höre? Umdrehen oder trotzdem gehen?
- Wenn ich mich von meinem weinenden Kind verabschiede, darf ich dann anrufen und fragen, wie es ihm geht?
- Wie gestaltet sich der Tagesablauf? Was ist, wenn er für mein Kind nicht passt?
- Ist mein Kind sicher, wenn es schläft? Ist jemand zuständig, der nach meinem Kind schaut?
- Wenn mein Kind nicht gewickelt werden will, was dann?
- Wird mein Kind unterstützt, wenn es bei den Mahlzeiten nicht zurechtkommt?
- Wird bemerkt, wenn mein Kind hungrig, durstig oder müde ist?

Leitfaden für ein Abschlussgespräch am Ende der Eingewöhnungszeit

Als Pendant zu jedem Aufnahmegespräch gehört ein Abschlussgespräch zum Ende der Eingewöhnungszeit. Wie ein Abschlussgespräch aussehen kann, wird im Folgenden skizziert.

Vorbereitung des Gesprächs

- Bereiten Sie einen ungestörten Raum vor: Lüften und sorgen Sie für eine angenehme Atmosphäre, stellen Sie Getränke bereit, halten Sie Ihre Unterlagen und einige Spielzeuge parat, falls das Kind dabei ist.
- Machen Sie sich Notizen: Was möchte ich sagen? Was ist wichtig, was möchte ich fragen?
- Halten Sie Rücksprache mit dem Team: Wie haben meine Kolleg:innen das Kind erlebt?

Ablauf des Gesprächs

- Begrüßung, Ablauf, Ziel und Zeitrahmen des Gesprächs klären
- Bericht über die Eingewöhnung auf Grundlage der Beobachtungsdokumentation, eventuell mit Fotos oder kurzen Videosequenzen

Mögliche Fragen für die Eltern

- Was hat sich verändert, seitdem Ihr Kind in der Kita ist? (z. B. Spielverhalten, Mittagsschlaf, Geschwisterbeziehung, Sprache)
- Wie erleben Sie Ihr Kind zu Hause?
- Wie erleben Sie Ihr Kind in der Kita beim Bringen und Abholen? Wie geht es ihm?
- Wie erlebten Sie als Eltern den Übergang in die Kita? Was war gut, was hätten wir anders machen können?
- Wie gut fühlen Sie sich über das Wohlbefinden und den Alltag Ihres Kindes in der Kita informiert?
- Wo wünschen Sie sich Begleitung und Unterstützung für Ihr Kind oder für sich selbst?
- Haben Sie noch weitere Fragen, Sorgen, Wünsche oder Anregungen, über die Sie mit uns sprechen wollen?
- Festlegen von gemeinsamen Zielen für die nächste Zeit, bezogen auf die Kita und zu Hause
- Gesprächsergebnisse kurz zusammenfassen und Vereinbarungen im Protokoll festhalten
- Abschluss und Verabschiedung

Im Anschluss an das Gespräch

- Auswertung: Reflexion und Bericht an das Team
- Protokoll verfassen

Der kultursensible Blick auf Familien

Deutsche Bildungs- und Erziehungspläne basieren auf dem Bild vom Kind als von Geburt an autonomes, kompetentes Wesen. Wir gehen davon aus, dass jeder Mensch das psychologische Grundbedürfnis hat, sich als selbstwirksam zu erleben.

Dies kann im Gegensatz zu der Vorstellung von Familien anderer Kulturen stehen. Für viele Eltern mit Migrationshintergrund sind Werte wie Familienzusammenhalt und Gemeinschaft von größter Bedeutung. Sie erziehen verbundenheitsorientiert. In Industrienationen wie Deutschland dominiert die Orientierung an Erziehungswerten wie Autonomie und Individualität. Die Eltern setzen auf Beteiligung und Mitbestimmung ihrer Kinder bei sie betreffenden Entscheidungen. (vgl. Borke, 2018, S. 30 ff.)

Autonomieorientierte Übergänge

Die Ausrichtung auf Autonomie beeinflusst die Übergangsgestaltung in der Kita. Pädagogische Fachkräfte orientieren sich an den Interessen und Stärken der Kinder und ermuntern sie, ihre Bedürfnisse zu zeigen und diese zu befriedigen. Sie wollen Kinder mit ihren individuellen Bedürfnissen möglichst gut kennenlernen.

Sie schaffen Möglichkeiten, damit Kinder bereits im Übergang von der Familie in die Kita erfahren, wo ihr Garderobenplatz ist, damit sie ihre Schuhe selbst holen können, wenn sie in den Garten möchten. Sie erhalten die Möglichkeit, sich Wasser einzugießen und sich am Obstteller zu bedienen, sich ein Buch/ein Spielzeug auszusuchen oder ihr Übergangsobjekt aus dem Regal zu holen.

Befremdlich wirken auf verbundenheitsorientierte Eltern möglicherweise Fragen der Fachkräfte an ihr Kind wie: *Gehst du jetzt mit mir ins Bad, damit du eine frische Windel bekommen kannst? Komm, wir gehen uns den Schlafraum anschauen und du kannst mir zeigen, wie du schlafen willst – in einem Korb oder auf einer Matratze! Zeigst du mir, neben wem du beim Mittagessen sitzen willst? Magst du Möhrengemüse zum Kartoffelpüree?*
Eltern zweifeln möglicherweise an der Qualifikation der Fachkraft, wenn sie ihr Kind so viel fragen muss. Sie könnten dieses Verhalten als mangelnde Kompetenz der Fachkraft interpretieren.

Beziehungsgestaltung ist eine Frage der Kultur des Herkunftslandes

Die Unterschiede von Autonomie- und Verbundenheitsorientierung zu realisieren und zu verstehen, bildet die Basis einer professionellen Haltung, die von Wertschätzung und Vorurteilsbewusstsein geprägt ist. Wichtig ist, immer wieder die eigenen Normalitätsvorstellungen zu überprüfen, um ein Schubladendenken zu vermeiden.

Verhalten Sie sich als pädagogische Fachkraft responsiv. Erklären Sie bereits im Erstgespräch, wie Sie mit Kindern in Ihrer Kita umgehen und welche pädagogischen Ziele Sie verfolgen. Damit beugen Sie Irritationen, Missverständnissen und Fehleinschätzungen vor. Eltern aus verbundenheitsorientierten Kulturen könnten die Ausrichtung an der Selbstständigkeit des Kindes möglicherweise für eine Verweigerung von Zuwendung halten. (vgl. Lamm, 2022, S. 52 f.)

Räume vermitteln
Werte

Partizipative Raumgestaltung ermöglicht Selbstwirksamkeit

Die Bedürfnisse der Kinder sind die Basis für die Gestaltung der Kita als Lern- und Bildungslandschaft. Wenn Kinder ganztags in der Kita sind, verbringen sie entsprechend wenig Zeit in ihrem Zuhause. Somit haben Kinder wenig Privatsphäre, sie halten sich vorwiegend im öffentlichen Raum auf.

Kinder jeden Alters wollen sich als kompetent und autonom erleben, sich als Teil einer Gemeinschaft fühlen. Damit dies gelingt, bedarf es einer partizipativen Didaktik. Sie muss sich unbedingt in den Räumen widerspiegeln. Verfolgen pädagogische Fachkräfte diese Werte, sollten Räume sowohl Sicherheit und Herausforderung, Kontakt und Rückzug, Orientierung und Freiraum bieten.

Partizipation beflügelt

Dazu muss der Raum mit dem Kind sprechen, also ansprechend gestaltet sein. Dies gelingt, wenn pädagogische Fachkräfte sowohl Impulse setzen als auch Impulse der Kinder aufgreifen. Damit sich Räume den Bedürfnissen der Menschen, die darin leben und lernen, anpassen können, steht an erster Stelle die Beobachtung. So erfahren und verstehen pädagogische Fachkräfte mehr über die Interessen und Kompetenzen der Kinder. Wenn sie mit der Gestaltung des Raumes und ausgewählten Materialien daran anknüpfen, ermöglichen sie Kindern, zu partizipieren und weitere Entwicklungsschritte zu gehen.

Am leichtesten partizipieren Kinder in Räumen, die eine verlässliche und klare Struktur aufweisen und gleichzeitig vielfältigen Handlungsspielraum bieten. Deshalb braucht es in der Kita wandelbares Mobiliar und vielfältiges, flexibel einsetzbares Material. Statt fertigem Spielzeug brauchen Kinder Zeug zum Spielen, beispielsweise Haushaltsgegenstände, Verpackungsmaterialien, Pappröhren, Kartons, Korken oder Kastanien. Manche Kinder finden direkt ins Spiel, andere brauchen mehr Zeit. Unterstützend wirken Plätze, von denen aus Kinder das Geschehen gut beobachten können, ohne selbst involviert zu sein.

Der Raum als dritter Erzieher

Zeigen Kinder ein hohes Engagement, spielen sie interessiert und konzentriert und entwickeln eigene Ideen. Das sind Kriterien, die zeigen, ob das Angebot passt und forschendes Lernen ermöglicht. Räume wirken – im Negativen wie im Positiven. Den Raum als Pädagogen zu nutzen, ist eine große Chance. Wie gut er seine Funktion erfüllt, liegt in der Verantwortung der pädagogischen Fachkräfte.

TIPP

Hier kenne ich mich aus!

Kinder im Übergangs- und Eingewöhnungsprozess wollen wissen:

- Wo und womit kann ich spielen?
- Wo und was kann ich essen und trinken?
- Wo kann ich mich ausruhen?
- Wo ist mein Platz, wo finde ich meine Sachen wieder?
- Wie komme ich in den Garten?
- Wo kann ich eine frische Windel bekommen, Hände waschen und zur Toilette gehen?
- Wo kann ich meine Jacke aufhängen und meine Schuhe hinstellen?

Nehmen pädagogische Fachkräfte kindliche Bedürfnisse ernst, sollten Räume für Kinder und Familien möglichst selbsterklärend sein.

Ansprechende Räume stärken Autonomie und Selbstwertgefühl

Gut gestaltete Räume geben Kindern Sicherheit. In Kitas, die mit festen Gruppenverbänden arbeiten, erfüllt der Gruppenraum diese Funktion. Für Kitas mit geöffnet-vernetzten Strukturen eignet sich ein Ankommenszimmer oder Nestraum, in den auch Kinder, die den Übergang bereits bewältigt haben, immer wieder zurückkommen können, um Halt zu finden. Die Werte einer Kita werden in der Gestaltung der Räume deutlich: Wertschätzung, Selbstwirksamkeit, Eigenverantwortung, Sicherheit, Erfolg, Spaß, Freiheit, Selbstbestimmung. In großen Häusern sollte das Personal Namensschilder tragen, damit Familien wissen, mit wem sie es zu tun haben. Es ist nicht davon auszugehen, dass sich Eltern alle Namen der Fachkräfte merken können. Meist kennen sie nur die unmittelbaren Bezugspersonen namentlich.

TIPP

7 Tipps für die Raumplanung

1. In der Raumaufteilung für ruhige und lebhafte Zonen sorgen
2. Laufwege im Raum beachten
3. Für eine gute Akustik sorgen
4. Farben bewusst auswählen (nicht mehr als drei Farben, passend zur Raumnutzung)
5. Angenehme Beleuchtung (individuell steuer- und dimmbar)
6. Regelmäßiges, fachgerechtes Lüften und Heizen
7. Vielfältige Möglichkeiten, Kreativität und Fantasie auszuleben, Gemeinschaft und Individualität zu erleben über Bewegung, Rückzug und Exploration, Entdecken und Erforschen, Bauen und Konstruieren, Rollenspiel, Bücher und andere Medien

Praxisbeispiel

Amira kennt sich aus

Amira ist knapp vier Jahre alt und neu in der Kita. Sie spricht kein Deutsch und kann sich trotzdem gut orientieren. Sie findet ihren Garderobenschrank, weil er mit ihrem Namen und ihrem Foto gekennzeichnet ist. Sie weiß auch, dass die Schränke rechts und links Carlos und Melissa gehören. Sie erkennt sie auf den Fotos. Auf Bildern kann Amira nachschauen, in welcher Reihenfolge sie sich am besten anzieht: Die Handschuhe kommen zum Schluss!

Neben dem Kinderrestaurant hängt ein bebilderter Speiseplan. Hier kann sich Amira anschauen, was es heute zum Essen gibt. Sie kennt die deutschen Bezeichnungen der Speisen noch nicht. Aber dank der Bilder weiß sie Bescheid! Das macht sie froh. Heute gibt es Reis mit Hühnchen und Erbsen. Das hat Amira schon mal probiert und findet es lecker. Der Tisch ist gedeckt. Nach dem Essen räumt Amira ihr Geschirr weg, das ist ganz leicht. Es gibt für Geschirr, Essensreste, Gläser und Besteck spezielle Plätze. Überall sind Fotos zur Orientierung, das findet Amira gut. So muss sie nicht fragen.

Über dem Waschbecken hängt ein Spiegel, da kann Amira nachsehen, ob noch Soße an ihrem Mund klebt. Wenn das so ist, nimmt sie sich einen feuchten, warmen Waschlappen und tupft sich sanft die Lippen ab. Das tut gut. Im Vorraum zum Schlafraum steht Amiras Kiste bereit. Hier kann sie ihre Kleider ablegen, falls sie etwas ausziehen will. In der Kiste findet sie ihren Esel mit den ausgefransten Ohren. Ist alles erledigt, wartet sie und schaut ein Buch an. Das machen die anderen Kinder auch. Wenn alle so weit sind, gehen sie leise zu ihrem Bett. Amira findet ihren Platz sofort. Da hängt ein Familienfoto und sie winkt ihren Eltern und Geschwistern kurz zu, bevor sie sich in die wunderbar weiche Decke einmummelt, die Oma für sie genäht hat, mit einem Esel aus grauem Plüschstoff – so eine Decke hat niemand sonst.

Amira fühlt sich wohl. Sie denkt von sich, dass sie schon ein richtiges Kindergartenkind ist, das vieles allein machen kann. Das gefällt ihr. Wenn sie aufwacht, will sie noch ein bisschen mit dem Esel kuscheln, bevor sie ihren Pulli und ihren Rock wieder anzieht. Dann geht sie in den Garten, um zu schaukeln. Wo ihr Garderobenschrank mit der Jacke und den Schuhen ist, weiß sie ja.

Damit sich Eltern wohlfühlen

Holen Sie Eltern emotional ab! Das gelingt, wenn sich Ihre Wertehaltung auch in der Gestaltung von Räumen zeigt. Ästhetik und eine deutliche Raumsprache, interessante Eyecatcher und gut in Szene gesetzte Kinderwerke, erzeugen diese Wirkung. Wenn eine Kita Achtsamkeit, Klarheit und Entspannung ausstrahlt, deutet das auf ein Team mit einer wertschätzenden Haltung hin: Hier haben sich Menschen konzeptionelle Gedanken gemacht. Der Erfolg zeigt sich in Äußerungen wie *Hier ist es aber schön* oder *Hier wäre ich auch gerne wieder Kind.*

Plätze mit positiver Ausstrahlung für Eltern im Übergangsprozess

Nicht nur die Räume für die Kinder sollten deren Bedürfnisse aufnehmen und eine wertschätzende Haltung vermitteln. Im Übergangsprozess mit dem ersten Kind sind auch Eltern (bzw. Fürsorgepersonen) Kita-Neulinge. Sie brauchen einen Platz, wo sie zur Ruhe kommen und entspannt auf ihr Kind warten können: ein paar Zeitschriften, ein leckeres Getränk, ein schönes Wandbild. Ein frischer Blumenstrauß auf dem Tisch, eine Obstschale, aus der sich alle bedienen können, ein interessant präsentiertes Buch oder Reflexionskarten können emotional aufgewühlten Eltern helfen, sich innerlich zu sortieren.

Weniger Kita-Spezialkatalog und mehr Heimat

Raumgestaltung und Einrichtung einer Kita müssen nicht aufwendig und teuer sein: Alltagsgegenstände und wohnliche Möbel vermitteln Gemütlichkeit. Jeder Mensch liebt Schönes. Schönheit öffnet unsere Herzen, macht gute Laune und erzeugt ein Wohlgefühl. Über die ästhetische Gestaltung der Räume vermitteln sich Botschaften wie *Du bist wichtig* oder *Du verdienst Achtsamkeit*

und Wertschätzung oder *Es ist legitim, hier zu sitzen und traurig zu sein – deshalb liegen Papiertaschentücher und Nervennahrung bereit!*

Räume senden Signale

Auch in Räumen oder an Plätzen für Eltern gilt: Weniger ist mehr! Nicht zu viele unterschiedliche Farben, drei sind völlig ausreichend. Selbstverständlich brauchen Räume dauerhafte Aufmerksamkeit und Pflege. Raumpflege verbindlich in der Organisation und Konzeption zu implementieren, lohnt sich. Eltern erhalten hier entscheidende Signale. Lässt die Topfpflanze schon über mehrere Tage alle Blätter hängen, sorgt sich womöglich mancher Vater oder manche Mutter, ob das Personal daran denkt, ihrem Kind etwas zu essen und zu trinken anzubieten.

Räume schaffen Vertrauen

Spiegeln die Orte für Erwachsene die gewünschten Werte, zudem Haltungen und pädagogische Ausrichtung wider, wirkt sich dies stärkend auf Eltern und die Gemeinschaft der Familien aus. Eltern, die in der neuen Umgebung ihres Kindes einen Wohlfühlplatz für sich selbst finden, bauen ihren emotionalen Stress schneller ab und können eher Vertrauen fassen. Informell und nebenbei können Eltern (und Besucher:innen) vieles über die Atmosphäre und die Kultur einer Kita erfahren.

Literatur

Alemzadeh, Marjan (2021): *Wahrnehmendes Beobachten in Krippe und Kindertagespflege – partizipatorische Didaktik.* Freiburg: Herder.

Bahrenberg, Colja (2016): „Übergangsobjekte und Übergangsphänomene. Bedeutsame Begleiter des Kindes in seiner frühen Entwicklung". In: *TPS* 1. 32–35

Bauer, Joachim (2017): „Die pädagogische Beziehung: Neurowissenschaften und Pädagogik im Dialog. Ein Überblick unter besonderer Berücksichtigung der Vorschulzeit". In: *Lehren & Lernen* 1. 4–10.

Borke, Jörn (2018): „Kultur des Schlafens". In: *Betrifft Kinder* 5–6. 30–32.

Evanschitzky, Petra & Zöller, Sylvia (2021): *Besser eingewöhnen! Fortschritt und Entwicklung im Münchner Modell.* Weimar: verlag das netz.

Fink, Heike (2023): *Eingewöhnung in der Peer. Der Start in Krippe und Kita mit dem Tübinger Modell.* Stuttgart: Klett Kita.

Griebel, Wilfried & Niesel, Renate ([6]2020): *Übergänge verstehen und begleiten. Transitionen in der Bildungslaufbahn von Kindern.* Berlin: Cornelsen.

Gutknecht, Dorothee & Kramer, Maren (2018): *Mikrotransitionen in der Kinderkrippe. Übergänge im Tagesablauf achtsam gestalten.* Freiburg: Herder.

Keller, Heidi (2021): *Mythos Bindungstheorie: Konzept – Methode – Bilanz.* Weimar: verlag das netz.

Lamm, Bettina (2022): „Familienkulturen". In: Niedersächsisches Institut für frühkindliche Bildung und Entwicklung (Hrsg.): *Gemeinsam an einem Strang ziehen. Zusammenarbeit mit vielfältigen Familien.* Freiburg: Herder. 52–63.

Salisch, Maria (2000): „Zum Einfluß von Gleichaltrigen (Peers) und Freunden auf die Persönlichkeitsentwicklung". In: Amelang, Manfred (Hrsg.): *Determinanten individueller Differenzen.* Göttingen: Hogrefe. 345–405. (Enzyklopädie der Psychologie).

Spindler, Roger (2017): „Was bedeutet Bildung, wenn Wissen für alle überall verfügbar ist?". *Roger Spindler im Interview mit Konzept-e.* [https://www.konzept-e.de/aktuelles/detailansicht/news/detail/invest-in-future-roger-spindler-was-bedeutet-bildung-wenn-wissen-fuer-alle-ueberall-verfuegbar-ist/, letzter Zugriff am 20.01.2023].

Thon, Steffi (2018): *Bindung und Beziehung* [Film]. Kaufungen, Deutschland: AV1 Pädagogik-Filme.

Verbeek, Veronika (2019): „Von Geburt an anders. Was wir über Temperament und den Umgang damit wissen sollten". In: *TPS* 9. 4–11.

Winnicott, Donald W. (1978): *Familie und individuelle Entwicklung.* München: Psychosozial-Verlag.

Über die Autorinnen

- Jahrgang 1959
- Erzieherin und Spielpädagogin
- Trainerin und lizensierte Partnerin im Netzwerk ILKE®
- langjährige Leiterin einer vernetzt arbeitenden Kita mit geöffneten Strukturen
- Autorin von Büchern und Fachartikeln und Mitglied in der Herausgeberkonferenz der Praxis Kita

Christine Betz

In 27 Jahren als Kita-Leiterin und insgesamt mehr als 40 Berufsjahren als Erzieherin habe ich mir einen großen Theorie-Praxis-Erfahrungsschatz erarbeitet. Dieser kommt zum Tragen in der Beratung und Begleitung von Kitas und beim Schreiben zu pädagogischen Themen. Inhaltlich beschäftige ich mich mit Themen wie der Gestaltung von Öffnungsprozessen, der Einrichtung kreativer Bildungslandschaften, der Strukturierung entspannter Tagesabläufe oder der Organisation gelingender Schlüsselsituationen im gut gelebten Alltag. Meine Erfahrungen in pädagogischen Arbeitsfeldern auf unterschiedlichen Ebenen erlebe ich als inspirierend und bereichernd. Es macht mir große Freude, diese Inspiration weiterzutragen durch Ideen, Gedanken und Anregungen zum Austausch und zur konstruktiven Reflexion und Weiterentwicklung.

Regine Schierle-Wenger

Während meiner langjährigen Tätigkeit als Kitaleitung, Fortbildnerin und Fachberaterin habe ich die Möglichkeit, viele spannende Themen mit Kindern und Erwachsenen zu erarbeiten. Die Erkenntnisse aus der Wissenschaft praxisnah einzubringen und umzusetzen ist dabei meine große Leidenschaft. Normalerweise begleite ich in meinem Arbeitsalltag methodenfreudig und interaktiv Kitaprozesse. Daher war es für mich ein spannendes Projekt, Ergebnisse aus der Praxis zu bündeln und in diesem Buch festzuhalten. Es freut es mich sehr, dass mein selbstentwickeltes Übergangsmodell ein Teil des Buches ist und somit von mehr Teams umgesetzt werden kann.

- Jahrgang 1960
- Fachberaterin für Kindertagesstätten (der Stadt Leinfelden-Echterdingen)
- Trainerin und lizensierte Partnerin im Netzwerk ILKE®
- Fortbildnerin für elementarpädagogischen Themen
- Erzieherin, ehemalige Kita-Leitung & Elternberaterin

Danksagung

Das war für uns beide das erste Mal, ein Buch zu zweit zu schreiben, und eine unglaubliche Erfahrung. Unsere unterschiedlichen Stärken ergänzten sich. Online und am Esstisch führten wir viele fachliche Diskussionen, die unseren Forscherdrang befeuerten. Wir lasen uns durch die Fachliteratur, sammelten Wissen, Ideen und Aspekte. Inspiriert und zuversichtlich machten wir uns ans Werk. Ein großer Dank geht an Friedhelm Betz, der uns bekochte und den Esstisch mit köstlichen Leckereien deckte.

Wir bedanken uns bei allen, die unsere Zweifel zerstreuten, uns für kompetent genug hielten und uns Mut machten. Vielen Dank fürs Probelesen, für Rückmeldungen, die uns voranbrachten, fürs Mitdenken und für viele tolle Fotos. Unser großes hilfsbereites Netzwerk, das aus vielen begabten und engagierten Pädagog:innen besteht, hat uns getragen.

Unser Dank geht an:
Petra Evanschitzky und Sylvia Zöller für einen wunderbar inspirierenden fachlichen Diskurs und sehr persönliche Beiträge. Frau Prof. Dr. Marjan Alemzadeh (Hochschule Rhein-Waal) dafür, dass sie uns teilhaben ließ an ihren Überlegungen, die zum partizipatorischen Eingewöhnungsmodell führten. Helia Schneider für ihren auf Kinderrechte und Gleichwürdigkeit geschärften Blick.

Franziska Krämer und Ania Mazurek für ihre Rückmeldungen in ihren Doppelrollen als pädagogische Fachkräfte und Mütter. Annette Weigert und Elisabeth Hollmann, Inhaberinnen des privaten Fort- und Weiterbildungsinstituts im elementaren Bildungsbereich ILKE®, für ihr Know-how.

Unsere Partnerinnen aus dem ILKE®-Netzwerk für ihren geschärften Blick auf die Kita-Praxis und ihre Bereitschaft, uns teilhaben zu lassen an ihren Erkenntnissen und Vorstellungen, was für die Menschen in den Kitas hilfreich sein könnte.

Die ILKE®-Co-Praxisorte: Bernadette Schwarz und das Team des Kinderhauses Aicher-Layh-Weg, Leinfelden-Echterdingen; Christine Noll und das Team der Kita Die Buntspechte, Gründau; Birte Hansen und das Team der Ökumenischen Kita Kaleidoskop, Frankfurt; Barbara Strauß, Nadine Kiesow und das Team der Kita Zauberwald, Oberursel.

Für all die schönen Fotos, die das Buch erst richtig lebendig machen, bedanken wir uns bei: Friedhelm Betz, Birte Hansen, Fabiola Jezzi, Petra Meinhof, Beate Oehring, Helene Schäfer, Birgit Schneider und Lena Schott.

Unser besonderer Dank geht an die Herausgeberin Margit Franz, die unsere Idee, zum Thema Übergang zu schreiben, sofort unterstützte, an die Redakteurin Myriam Bork, die mit Geduld und Sachverstand wunderbar redigierte, und an Julia Zitouni von Doppelpunkt für die ansprechende Gestaltung des Buches.